智慧图书馆阅读推广服务创新策略研究

郭雪山 / 著

辽宁人民出版社

图书在版编目（CIP）数据

智慧图书馆阅读推广服务创新策略研究 / 郭雪山著 .

沈阳：辽宁人民出版社，2025. 2. -- ISBN 978-7-205-11393-3

Ⅰ. G250.76

中国国家版本馆 CIP 数据核字第 2025BR1835 号

出版发行：辽宁人民出版社
　　　　　地址：沈阳市和平区十一纬路 25 号　邮编：110003
　　　　　电话：024-23284191（发行部）　024-23284304（办公室）
　　　　　http：//www.lnpph.com.cn
印　　刷：天津光之彩印刷有限公司
幅面尺寸：165mm×235mm
印　　张：11
字　　数：120 千字
出版时间：2025 年 2 月第 1 版
印刷时间：2025 年 2 月第 1 次印刷
责任编辑：孙姣娇
装帧设计：一诺设计
责任校对：吴艳杰
书　　号：ISBN 978-7-205-11393-3

定　　价：56.00 元

前　言

随着信息技术的不断发展，图书馆已经不再只是传统意义上的纸质书籍堆积的场所，而是成为了一个拥有丰富资源和服务的综合性学习空间。智慧图书馆的概念应运而生，它利用先进的技术手段和创新的服务理念，为读者提供更高效、便捷的阅读体验，并推广阅读活动。

作为智慧图书馆的一项重要服务，阅读推广是其发展的关键。然而，在信息大爆炸的时代，读者们面临着过多的选择和浩瀚的信息，阅读的重要性逐渐被忽视。因此，研究智慧图书馆阅读推广服务的创新策略变得至关重要。

本书的目的是探讨如何通过创新策略来推广阅读活动。首先需要对智慧图书馆的概念进行深入了解。智慧图书馆是一个智能化的学习和阅读环境，它通过数字化、网络化等手段将图书馆打造成一个与时俱进的学习空间，为读者提供全方位的服务。了解智慧图书馆的概念和特点，可以为研究阅读推广服务的创新策略提供基础。另外，本书还分析了当前阅读推广服务存在的问题和挑战。虽然智慧图书馆的出现为阅读推广提供了更多的机会，但同时也带来了一系列的问题。比如，读者们可能迷失在信息的海洋中，不知道如何筛选和利用有效的阅读资源；同时，一些人可能还没有接受智慧图书馆的概念，缺乏对其价值和意义的认识。通过分析当前阅读推广服务存在的问题和挑战，可以找到切入点，提出相应的创新策略。此外，书中提出了相关的创新策略来推广阅读活动。创新策略可以从多方面入手，例如，可以通过利用人工智能技术来提供个性化的阅读推荐服务，根据读者的兴趣和阅读偏好，推荐适合的书籍和资料；可以通过举办创意阅读活动来吸引读者的参与，例如举办读书分享会、阅读比赛等；还可以通过与其他机构合作，开展跨学科的阅读推广活动，如与学校合作开展阅读教育课程等。

本书深入探讨了智慧图书馆阅读推广服务的发展趋势、意义与价值以及创新策略在其中的应用，并对智慧图书馆阅读推广服务的环境进行了分析，包括图书馆内外部环境、读者需求与行为、竞争环境与合作机会等。在此基础上，提出了个性化推荐服务模式、智能化导读服务模式、社交化互动服务模式等创新服务模式。同时，本书也对智慧图书馆阅读推广服务的内容进行了优化，包括图书推荐策略优化、阅读分享活动策划、阅读空间设计及布局优化等。此外，本书探讨了智慧图书馆阅读推广服务的技术应用，如大数据、人工智能和虚拟现实等先进技术，并针对服务组织与人才建设、服务效果评估与改进提出了具体策略。本书还关注了智慧图书馆阅读推广服务的政策与法规环境，分析了我国图书馆阅读推广服务的政策法规体系，并借鉴国际经验提出了相关建议和展望。

本书是一本全面而深入的智慧图书馆阅读推广服务研究著作，为图书馆业界提供了创新的思路和方法，对于提升图书馆阅读推广服务的质量和效果具有重要参考价值。

智慧图书馆阅读推广服务的创新策略研究对于推动阅读事业的发展具有重要意义。通过深入了解智慧图书馆的概念、分析当前存在的问题和挑战以及提出创新策略，可以为智慧图书馆提供更好的服务和推广阅读活动的方法和思路，提高读者的阅读兴趣和水平，促进社会的知识传播和文化繁荣。

目　录

第一章
智慧图书馆阅读推广服务概述

一、智慧图书馆的发展与趋势

（一）智慧图书馆建设的重要性

在当今这个信息化、数字化、网络化和智能化日益普及的时代，图书馆作为知识的宝库、智慧的源泉，也需要紧跟时代的步伐，不断发展创新。智慧图书馆就是图书馆发展的新阶段，是信息化、数字化、网络化、智能化在图书馆领域的具体体现。它不仅仅是一个提供图书借阅的场所，更是一个集合了最先进技术，能够提供全方位、个性化、智能化服务的知识交流中心。智慧图书馆的建设对于推动图书馆事业的发展，提升图书馆服务水平，满足读者需求具有重要意义。首先，智慧图书馆能够实现资源的全面整合。通过云计算、大数据等技术，将图书馆的纸质资源、电子资源、网络资源等进行整合，形成一个庞大而完整的知识体系，让读者能够一站式地获取所需信息。其次，智慧图书馆能够提供个性化、智能化、便捷化的服务。通过人工智能、互联网等技术，实现自助借还、智能推荐、语音助手等功能，让读者享受到更加便捷、高效的服务。智慧图书馆能够为知识交流、创新学习和文化传播提供重要支持。通过举办讲座、研讨会、展览，搭建起一个学术交流、思想碰撞的平台，促进知识的传播和文化的交流。此外，智慧图书馆还能为图书馆员的职业发展提供新的机遇。在智慧图书馆中，图书馆员不再只是传统的图书管理员，而是转变为信息分析师、知识顾问、技术支持等角色，通过提供专业的信息服务和知识支持，帮助读者解决实际问题，发挥图书馆的价值。因此，智慧图书馆的建设不仅对读者有着重要的意义，也为图书馆员的职业发展提供了新的机遇。总的来说，智慧图书馆的建设对于推动图书馆事业的发展，提升图书馆服务水平，满足读者需求具有重要意义。然而，智慧图书馆的建设并非一蹴而就，它需要付出巨大的努力和长期的坚持。首先，需要加强智慧图书馆的理论研究和实践探索，不断总结经验，推动图书馆事业的创新发展。其次，需要加大投入，提升图书馆的硬件设施和技术水平，为智慧图书馆的建设提供物质保障。最后，需要培养一支高素质的图书馆员队伍，提升他们的专业素养和技术能力，为智慧图书馆的建设提供人才支持。

智慧图书馆的发展历程可以追溯到传统图书馆时代。在这个阶段，图书馆主要依靠纸质材料，如书籍、期刊等来提供知识和信息资源。读者需要亲自前往图书馆，在馆内借阅或者阅读这些材料。传统图书馆的服务重点在于维护和管理图书馆资源，提供借阅服务，同时也提供一些基本的参考和咨询服务。然而，随着互联网的普及，数字图书馆逐渐崭露头角并成为图书馆的发展方向。数字图书馆的出现使得图书馆的服务范围得以扩展到网络空间，用户可以通过网络访问和获取图书馆的资源。数字图书馆充分利用了信息技术的优势，使得知识和信息的传播变得更加便捷和高效。读者可以通过在线检索、下载、阅读等方式获取所需的资源，不再受制于时间和空间。进入21世纪，随着人工智能、大数据和云计算等新技术的快速发展，智慧图书馆开始崭露头角。智慧图书馆是在数字图书馆的基础上进一步发展和创新的产物，它借助最新的信息技术，实现了图书馆的智能化、个性化服务。智慧图书馆利用人工智能技术，通过对读者行为和需求的分析，可以为读者提供更加个性化和精准的服务。例如，智慧图书馆可以根据读者的阅读历史和兴趣推荐适合他们的图书或文章，从而提高读者的阅读体验。智慧图书馆还利用大数据技术，对图书馆内的资源进行分析和管理。通过收集和处理大量的数据，智慧图书馆可以提供更加全面和深入的资源评估和使用情况分析，从而帮助图书馆进行资源的合理分配和管理。同时，智慧图书馆还可以根据读者的需求和借阅行为进行信息推送和个性化服务，提高图书馆的服务质量和效率。云计算是智慧图书馆的另一项重要技术。通过云计算技术，智慧图书馆可以实现资源共享和协作，将图书馆的资源整合到云端服务器上，方便用户随时随地访问和使用。这不仅可以极大地提高资源的利用率，还可以节省图书馆的存储和维护成本。而且，云计算还为智慧图书馆提供了强大的计算能力和存储空间，使得其可以处理和分析大量的数据，从而提供更加个性化和精准的服务。与传统图书馆和数字图书馆相比，智慧图书馆具有许多显著的优势和特点。首先，智慧图书馆利用了最新的信息技术，使读者可以更加便捷和高效地获取图书馆的资源。其次，智慧图书馆可以根据读者的需求和兴趣提供个性化的服务，为每个读者量身定制阅读推荐，提高他们的阅读体验。再次，智慧图书馆利用大数据技术对资源和读者进行分析，提供更加全面和深入的资源评估和使用情况分析，帮助图书馆进行资源的合理分配和管理。最后，智慧图书馆利用云计算技术实现了资源的共享和协作，提高了资源利用效率，降低了图书馆的成本。

在科技飞速发展的今天，智慧图书馆作为传统图书馆的升级版，已经逐渐成为人们获取知识、享受服务的重要平台。未来，智慧图书馆将朝着以下几个方向发展：一是图书馆的数字化转型将更加深入，纸质资源将逐步向数字化资源转化；二是图书馆的服务将更加智能化，借助人工智能技术，实现对用户需求的精准识别和满足；三是图书馆的资源将更加丰富，通过跨界合作，整合各类线上线下资源，为用户提供一站式服务；四是图书馆的生态更加完善，推动图书馆与教育、科研、文化等领域的深度融合，形成良好的创新发展生态。

数字化转型是当前所有行业都要面临的重要课题，图书馆也不例外。在过去，图书馆主要以纸质资源为主，然而，纸质资源存在许多局限性，如存储空间大、检索效率低、容易损坏等。随着信息技术的不断发展，数字化资源逐渐成为主流。智慧图书馆将借助先进的技术手段，将纸质资源转化为数字化资源，用户可以随时随地通过网络访问图书馆的资源，不仅方便了用户，也极大地提高了图书馆的利用率。此外，数字化转型还可以实现资源的数字化管理，提高图书馆的管理效率和服务质量。智能化服务是智慧图书馆的核心竞争力。借助人工智能技术，智慧图书馆可以实现对用户需求的精准识别和满足。例如，通过大数据分析技术，可以了解用户的阅读喜好和习惯，从而为用户提供个性化的推荐服务；通过自然语言处理技术，可以实现对用户咨询的实时响应和解答；通过人脸识别技术，可以实现快速的身份验证和借还书服务。智能化服务的推广，将使得图书馆的服务更加便捷、高效，提升用户的满意度。丰富的资源是智慧图书馆吸引用户的关键。未来的智慧图书馆将不再局限于自身的资源，而是通过跨界合作，整合各类线上线下资源，为用户提供一站式服务。例如，与出版社合作，可以获取最新的图书资讯和电子书籍；与影视公司合作，可以提供影视资源的在线观看；与教育机构合作，可以提供在线课程和学术讲座等。通过跨界合作，智慧图书馆将打破传统的资源边界，为用户提供更加丰富、多元的服务。完善生态是智慧图书馆发展的必然趋势。未来的智慧图书馆将不再是一个孤立的存在，而是与教育、科研、文化等领域深度融合，形成良好的创新发展生态。例如，与学校合作，可以推动教育资源的共享；与科研机构合作，可以促进科研成果的传播；与文化机构合作，可以举办各种文化活动等。通过深度融合，智慧图书馆将成为一个开放、共享、创新的平台，为用户提供更加丰富、全面的服务。

（二）智慧图书馆在数字化时代的作用

在数字化时代，智慧图书馆的作用越发显著，它不仅提供了传统图书馆的借阅服务，还通过高科技手段实现了服务的创新和优化，具体体现在几个方面。一是资源的无限扩展。随着数字技术的发展，智慧图书馆能够存储和提供大量的数字资源，包括电子书籍、在线期刊、数据库等。这些资源不仅数量庞大，而且更新速度快，能够满足读者日益增长的信息需求。此外，智慧图书馆还可以通过互联网实现资源的共享，使读者能够访问全球范围内的数字资源。二是服务的个性化定制。智慧图书馆通过收集和分析读者的阅读记录、偏好等信息，提供个性化的推荐服务。例如，智慧图书馆可以根据读者的阅读历史推荐相关的书籍或文章，或者根据读者的学科领域和研究方向提供最新的学术动态和研究成果。此外，智慧图书馆还可以为读者提供定制化的学习路径和知识服务，帮助读者提高学习和研究的效率。三是空间的智能化改造。智慧图书馆通过引入智能技术，对图书馆的空间进行了智能化改造。例如，通过安装智能书架、机器人等设备，实现了自助借书、书籍智能排序等功能，使读者能够更加便捷地获取和归还书籍。此外，智慧图书馆还可以通过智能导览系统为读者提供导航服务，帮助读者快速找到所需的书籍或资料。四是知识的创新传播。智慧图书馆通过举办各种线上线下活动，如讲座、研讨会、展览等，为读者提供了丰富的学习和交流平台。这些活动不仅有助于传播知识，还促进了读者之间的交流和合作。此外，智慧图书馆还可以通过虚拟现实、增强现实等技术，为读者提供沉浸式的学习体验，使知识的传播更加生动和有趣。五是管理的高效化。智慧图书馆通过引入智能管理系统，实现了图书馆运营的高效化。例如，通过使用自动化设备和系统，智慧图书馆可以降低人力资源的投入，提高服务效率。此外，智慧图书馆还可以通过数据分析，对图书馆的运营进行监测和评估，及时发现问题并进行调整，以确保图书馆的可持续发展。六是社区的互动平台。智慧图书馆不仅是知识的宝库，也是社区的文化中心。它通过提供舒适的阅读环境、丰富的活动和服务，吸引了大量读者前来。智慧图书馆还可以通过建立读者社群，促进读者之间的交流和分享，增强图书馆与读者之间的联系。这样的社区互动平台有助于培养读者的阅读兴趣，提升社区的文化氛围。

（三）智慧图书馆面临的挑战与机遇

智慧图书馆的发展既面临挑战，也充满机遇。在面对挑战方面，技术问题是智慧图书馆发展的首要难题。智慧图书馆的建设依赖于一系列前沿技术的研发和应用，如人工智能、大数据和云计算等，这些技术的发展水平直接决定了智慧图书馆的实施效果。因此，如何不断突破技术瓶颈、深化技术应用，是智慧图书馆发展过程中需要克服的技术挑战。同时，人才问题也是智慧图书馆发展所面临的重要挑战。智慧图书馆需要具备专业知识和服务能力的人才队伍，这就需要图书馆员具备更高的素质和能力。他们需要不断学习和更新自己的知识和技能，以适应智慧图书馆发展所需要的工作要求。此外，智慧图书馆还需要具备信息技术、数据分析、用户体验等多方面的综合能力，这就对图书馆员的培养提出了新的要求。

智慧图书馆同时充满机遇。首先，智慧图书馆的发展可以推动图书馆事业的创新发展。通过引入智能化的图书馆系统和服务，整合图书馆资源和服务，智慧图书馆可以提供更丰富多样、便捷高效的服务模式。例如，通过数据分析和人工智能技术，智慧图书馆可以提供个性化的阅读推荐、学习指导和信息检索服务，满足读者的多样化需求。同时，智慧图书馆还可以提供在线自助借还、预定购书等便民服务，提高图书馆的服务质量和效率。其次，智慧图书馆的发展也有利于图书馆与其他领域的深度融合。智慧图书馆融合了信息技术、文化创意、教育培训等多个领域的技术和资源，与其他相关机构和企业进行合作，可以打破传统图书馆的孤岛感，拓展图书馆的社会功能和影响力。例如，智慧图书馆可以与学校合作，共享图书和教育资源，提供更全面的学习支持；智慧图书馆可以与出版社合作，推动图书的数字化和在线销售，扩大读者的阅读渠道；智慧图书馆还可以与社区、博物馆、艺术团体等合作，举办各类文化活动和展览，拓展图书馆的文化传播功能。

二、阅读推广服务的意义与价值

（一）阅读推广服务对社会的意义

阅读推广服务对社会的意义不可忽视。阅读被认为是人类学习和进步的重要途径之一。通过读书，人们可以获取知识、经验和智慧，进而提升自己的认知能力和思考水平。而阅读推广服务通过鼓励和促进人们进行阅读活动，可以帮助社会培养具有批判性思维和创造力的人才。批判性思维是指对所阅读的内容进行深入思考、质疑和评估的能力，而创造力则是指能够在阅读中获得灵感，形成独特的见解和创新的能力。批判性思维和创造力是当今社会所需的重要素养，对社会的发展和进步具有重要意义。阅读推广服务还可以提升社会的文化素质和创新能力。阅读是人们获取文化知识和审美情趣的重要途径，通过阅读，人们可以了解不同文化、充实精神世界，培养终身学习的意识。而阅读推广服务的开展不仅可以激发人们的阅读兴趣，也可以引导人们选择高质量的阅读材料，提升阅读品位和理解能力。这有助于提高社会的文化素质，促进人们对艺术、人文和科学等领域的了解和欣赏。阅读推广服务还可以培养人们的创新能力。通过阅读优秀作品，人们可以接触到各种创新思想和方法，激发自己的创造潜能。这将为社会带来更多的创新成果，推动社会的发展和进步。阅读推广服务还具有促进社会和谐发展的作用。阅读是人们获取知识、理解事物本质和培养情感共鸣的重要方式之一。通过阅读，人们可以增强对他人的理解和尊重，培养宽容和同理心。而阅读推广服务的开展可以让更多的人参与到共同的阅读活动中来，促进人与人之间的交流和合作，加强社会的凝聚力和归属感。阅读推广服务还可以培养人们的道德观念和公民意识。通过阅读精神文化类作品，人们可以学习到一些道德规范和价值取向，进而形成良好的道德品质和行为习惯。这将有利于社会建立和谐稳定的价值观念，促进社会的公平公正、和谐发展。阅读推广服务有助于建立一个积极向上、文明进步的社会氛围，推动社会的持续发展。阅读是个人修身养性、丰富人生、提升品质的一种重要方式。而阅读推广服务通过向社会传递阅读的重要价值和意义，引导人们积极参与阅读活动，共同推动社会进步。通过阅读推广服务，社会可以形成读书的良好风气，人们能更加主动地了解和关注社会问题、时事热点和科技创新等方面的信息，提高个人素质和社会认知。这将有助于推动社会的不断进步和发展，为人们创造更好的生活条件和发展机会。

（二）阅读推广服务对个人的价值

阅读推广服务对个人的价值体现在多个方面。通过阅读，个人能够获取广泛的知识和信息。阅读是人类获取知识的重要途径，无论是通过书籍、报纸、杂志、网络还是其他媒体进行阅读，个人都能够学习到各种各样的知识。无论是科学知识、历史知识、文学作品还是其他领域的专业知识，阅读推广服务都能够帮助个人积累丰富的知识储备。同时，阅读能够提高个人的认知水平和思维能力。通过阅读，个人能够不断接触到新的概念、观点和思想，从而拓宽自己的认知范围。阅读可以锻炼个人的思维能力，培养个人的逻辑思维、分析和判断能力，同时还能够提高个人的阅读理解能力和表达能力。这些能力在个人日常生活和工作中都有重要的作用，能够帮助个人更好地理解和解决问题，提高个人的工作效率和决策能力。阅读还能够丰富个人的精神世界，带来愉悦和满足感。阅读是一种享受，通过阅读，个人能够沉浸于故事情节、人物塑造和语言表达之中，感受到书中的情感与思想，给予个人愉悦的体验。阅读能够让个人放松身心，摆脱现实生活的烦恼和压力，进入一个与众不同的世界，感受不同的情感和体验。通过阅读推广服务，个人可以享受到更多的阅读乐趣，丰富个人的精神生活，提高个人的生活品质。阅读推广服务还能让个人接触和了解不同领域的知识和文化，拓宽自己的视野。阅读推广服务不仅包括各种类型的图书馆和书店，还包括阅读俱乐部、读书会、文化沙龙等活动。这些服务可以帮助个人了解各种各样的领域和文化，如文学、艺术、历史、科学、哲学等。通过参与这些活动，个人不仅可以学习到更多的知识，还可以结识不同领域的专家和爱好者，扩大自己的人际关系网络。此外，阅读推广服务还能够培养个人的兴趣爱好和人生追求。通过阅读，个人可以发现自己对某些领域或主题的兴趣，进而激发自己进一步深入学习和研究的热情。阅读能够帮助个人发现自己的潜力和才华，并且在逐渐掌握知识和技能的过程中不断成长和进步。通过阅读推广服务，个人可以获取更多的学习资源和机会，以更好地发展自己的兴趣爱好和人生追求。阅读推广服务有助于个人的终身学习和自我提升。在信息时代，知识更新迅速，个人需要不断学习和适应新的知识和技术变革。通过参与阅读推广服务，个人可以获取到最新的知识和信息，保持自己的学习能力和竞争力。阅读推广服务还能够激发个人的求知欲望，让个人保持对知识的渴望和追求，并且提供相应的学习支持和资源，帮助个人实现自我提升和成长。

（三）阅读推广服务对学习和知识传播的作用

阅读推广服务在学习和知识传播方面的作用是至关重要的。通过推广阅读，可以激发人们对学习的兴趣和热情。阅读是获取知识的重要途径，通过阅读，人们可以了解各个领域的知识和信息。而阅读推广服务的开展可以让更多人接触到阅读的乐趣，从而培养他们的阅读兴趣。这对于学生来说尤为重要，因为养成良好的阅读习惯可以提高他们的学习效果和学习动力。当学生对学习产生兴趣和热情时，他们就能更加主动地参与学习活动，提高学习效果。阅读推广服务为学校、图书馆、社区等教育机构提供了重要的资源支持。教育机构在开展教学和学习活动时需要大量的阅读材料，而阅读推广服务可以帮助他们获取到各种各样的优质阅读资源。例如，通过与出版社合作，推广阅读服务可以为学校和图书馆提供最新的图书供学生阅读。此外，推广阅读的活动也可以为学校和社区提供专业的培训和指导，帮助教育工作者更好地开展教学工作。阅读推广服务还可以促进知识的传播和分享。阅读是一种获取知识和信息的重要手段，而推广阅读服务可以帮助人们获得有价值的信息。例如，通过阅读图书、报纸和杂志，人们可以了解到各个领域的最新研究成果和学术发展动态。推广阅读服务可以帮助阅读者找到适合自己需求的阅读材料，并提供阅读指导和解读，帮助人们更好地理解和消化所阅读的内容。阅读推广服务还可以通过举办讲座、座谈会和读书会等活动，促进人们之间的交流和分享，让大家能够共同学习和成长。推广阅读服务的开展对于社会的知识积累和创新也起到了重要的推动作用。阅读推广服务可以让更多人获得知识和信息，从而提高整个社会各个领域的知识素养。当一个社会的知识素养提高时，就会有更多的人参与到知识的创新和发展中来，推动社会的进步。此外，推广阅读服务还可以培养人们的创造力和创新思维。通过阅读，人们可以接触到各种各样的创意和思想，这些创意和思想可以激发人们的创造力和创新思维，促进社会的创新和发展。

（四）阅读推广服务对文化建设的贡献

阅读在人类文明的发展中起着举足轻重的作用，它不仅是文化的重要载体和表达方式，更是理解和传承民族文化和传统文化的关键途径。阅读推广服务作为一项旨在推动阅读、提高阅读水平和培养阅读兴趣的活动，在文化建设方面具有不可忽视的重要贡献。阅读推广服务在传承和弘扬民族文化和传统文化方面起着至关重要的作用。通过各种形式的阅读推广活动，可以使更多的人接触并了解我国的民族文化和传统文化，从而将这些宝贵的文化遗产传承下去。这些活动可能包括定期的讲座、研讨会、读书会，或者是线上线下的读书俱乐部等。这些活动不仅提供了学习和交流的平台，也促进了民族文化和传统文化的传播和普及。阅读推广服务还有助于促进多元文化的交流和融合。在当今全球化的背景下，不同文化之间的交流和融合变得越来越重要。通过阅读推广服务，可以鼓励人们去阅读和理解其他文化背景下的作品，从而促进跨文化的理解和尊重。这不仅可以丰富人们的文化视野，也有助于构建一个更加包容和开放的社会。阅读也是文学艺术的重要基础。文学艺术是文化的重要组成部分，而阅读则是欣赏和创作文学艺术的基础。阅读推广服务可以培养人们的文学艺术鉴赏能力，提高他们的审美水平，从而推动文学艺术的创作和传播。这不仅可以丰富人们的精神生活，也有助于提升整个社会的文化素养。阅读推广服务还通过提供丰富多样的文化活动和体验，来丰富人们的文化生活。这些活动可能包括主题读书会、作者签售会、朗诵会、读书讲座等，它们不仅提供了阅读的乐趣，也丰富了人们的精神世界。这些活动有助于提升人们的文化素养和审美能力，同时也为人们提供了多样化的娱乐选择。阅读推广服务还有助于提升整个社会的阅读氛围。通过各种形式的宣传和推广，可以令更多的人认识到阅读的重要性，从而培养他们的阅读习惯。这不仅可以提高整个社会的文化水平，也有助于营造一个更加积极向上、充满书香的社会环境。

三、创新策略在阅读推广服务中的应用

阅读推广服务是为了提高公众的阅读兴趣和阅读能力，促进社会文化发展和个人成长。随着社会的发展和科技的进步，传统的阅读推广方式已经无法满足人们日益增长的需求。因此，创新策略在阅读推广服务中的应用显得尤为重要。创新策略可以帮助阅读推广服务打破传统的局限，提供更丰富、更多样、更高效的服务，从而达到提高公众阅读素养的目的。

（一）创新策略对阅读推广服务的重要性

创新策略在阅读推广服务中的重要性不可忽视，它贯穿于服务的每一个环节，从吸引力和影响力的提升，到针对性和实效性的增强，再到服务领域和内容的拓展以及工作效率和质量的提高。创新策略在提高阅读推广服务的吸引力和影响力方面发挥着关键作用。传统的阅读推广活动往往依赖于传统的宣传和推广方式，如海报、传单等，这种方式往往难以引起公众的关注和兴趣。而通过创新策略，如利用新媒体平台（如社交媒体、微信公众号等）、引入新技术（如 VR、AR 等）进行阅读推广，能够大大提

高服务的趣味性和互动性，使推广活动更具吸引力。这样的创新策略不仅能让更多的人参与其中，还能通过用户的反馈和评价，进一步优化和调整服务，使其影响力得到提升。创新策略在提高阅读推广服务的针对性和实效性方面则具有显著效果。传统的阅读推广活动往往对所有群体进行一刀切的推广，这往往无法满足不同人群的个性化需求。通过深入了解不同人群的特点和阅读习惯，为他们提供定制化的阅读推广服务，如为青少年提供适合他们阅读的电子书、为老年人提供易读的纸质书籍等，能够更好地满足不同群体的实际需求，从而提高服务的实效性。创新策略还能帮助阅读推广服务拓宽服务领域和内容。传统的阅读推广活动往往局限于图书、报纸等传统媒体，而现代社会人们的阅读习惯已经发生了巨大的变化，他们更倾向于在互联网上寻找各种形式的阅读资源。通过利用新媒体、互联网等技术，可以拓展阅读推广服务的领域和内容，提供更多元化、更丰富的阅读资源和服务，如电子书、网络课程、在线讨论等，以满足公众的多样化阅读需求。创新策略在提高阅读推广服务的工作效率和质量方面也具有不可忽视的作用。传统的阅读推广活动往往依赖人工的方式进行推广，这种方式效率低下，且容易出错。而通过引入科技手段，如大数据分析、人工智能等技术，能够大大提高工作效率和质量。例如，通过数据分析可以更准确地了解读者的阅读喜好和需求，进而提供更精准的推荐服务；人

工智能技术可以使一些烦琐的、重复的工作自动化，让工作人员有更多的
时间和精力去关注读者的需求和提升服务质量。

（二）创新策略在阅读推广活动中的实践案例

在阅读推广活动中，创新策略的应用越来越受到关注。创新可以为读
者带来更加有趣、互动、个性化的阅读体验，从而激发他们的阅读兴趣，
提高阅读效率和质量。以下列举几个具有代表性的创新策略在阅读推广活
动中的实践案例：

案例一：利用新媒体进行阅读推广

新媒体已经成为现代人获取信息的重要渠道，因此利用新媒体进行阅
读推广是一种非常有效的手段。例如，某图书馆开设了微信公众号，通过
定期推送图书馆活动信息、阅读推荐、阅读技巧等内容，吸引更多人关注
和使用图书馆服务。此外，还可以利用微博、抖音等社交媒体平台，发布
有关阅读的文章、视频和音频等内容，吸引更多的读者参与。

案例二：利用新技术进行阅读推广

新技术的发展为阅读推广提供了更多的可能性。例如，某阅读推广机
构利用虚拟现实（VR）技术，打造了一个虚拟的阅读空间。这个虚拟空
间可以让用户身临其境般地感受不同的文化和历史背景，进行沉浸式的阅

读体验。此外，还可以利用增强现实（AR）技术，将图书中的内容以更加生动、有趣的形式展示给读者，提高阅读的趣味性和互动性。

案例三：个性化阅读推广服务

随着大数据技术的发展，个性化阅读推广服务也越来越普遍。例如，某个阅读推广平台通过收集和分析用户在网站、APP 等平台上的阅读行为和喜好数据，为用户提供个性化的阅读推荐和阅读计划。这种服务可以根据用户的兴趣和需求，为其量身定制阅读计划和书单，帮助用户提高阅读效率和质量。

案例四：跨界合作阅读推广

跨界合作是当前非常流行的一种营销方式，通过与其他行业进行合作，可以带来更多的流量和关注度。例如，某个书店与附近的咖啡馆合作，推出"阅读＋咖啡"的服务。在这种模式下，读者在咖啡馆享受咖啡的同时，也可以在书店中选择自己喜欢的图书进行阅读。这种跨界合作不仅可以提高阅读的便利性和舒适性，还可以为书店带来更多的客流量和收入。

除了以上几个案例，创新策略在阅读推广活动中的应用还有很多。例如，开展线上线下的互动活动，如读书分享会、读书俱乐部、读书比赛等，提高读者的参与度和互动性；利用知识问答、智能推荐等技术手段，提高阅读的精准性和效率；开展主题式阅读推广活动，如针对某一特定主题或类型的图书开展系列讲座、讨论、推荐等活动，吸引更多人关注和参与。

（三）创新策略在阅读推广服务中的可行性探讨

在阅读推广服务中应用创新策略具有非常重要的可行性。首先，随着科技的发展和社会的进步，公众的阅读需求呈现出日益多样化的趋势。为了更好地满足这些多样化的阅读需求，创新策略的应用就显得尤为重要。通过运用创新性的方法、工具和手段，可以提供更加丰富、更加个性化的阅读服务，满足不同读者的不同需求。例如，可以利用大数据和人工智能技术，分析读者的阅读习惯和偏好，为他们推荐更加精准的书籍和阅读资源。而随着新媒体、新技术的普及，公众对创新服务的接受度也越来越高。在新媒体时代，传统的阅读推广方式已经无法满足公众的需求。因此，需要不断创新阅读推广的方式和方法，运用新的技术和工具，如社交媒体、移动应用程序、虚拟现实等，为读者提供更加生动、更加有趣的阅读体验。这些创新性的服务更容易被公众接受和认可，从而提高阅读推广的效果。此外，随着社会竞争的加剧，阅读推广服务需要不断创新，提高工作效率和质量，以适应社会的需求。在日益激烈的市场竞争中，阅读推广服务需要不断地提高工作效率和质量，以满足读者的需求和提高市场竞争力。通过运用创新策略，可以实现服务的智能化、个性化和高效化，为读者提供更加优质、更加便捷的阅读服务。值得一提的是，我国政府高度重视文化建设和阅读推广工作，为创新策略在阅读推广服务中的应用提供了良好的政策环境和支持。政府在政策层面鼓励创新，提供资金和资源支持，推动阅读推广服务的创新发展。这为在阅读推广服务中应用创新策略提供了强大的动力和保障。

第二章

智慧图书馆阅读推广服务环境分析

一、图书馆内外部环境分析

（一）图书馆外部环境的影响因素分析

在现代社会中，图书馆不仅是知识的宝库，更是公众学习、研究、交流的重要场所。图书馆外部环境包括社会、文化、经济、科技等方面的因素，这些因素如同强大的引擎，推动着图书馆的发展，影响着图书馆服务能力。首先，社会因素是图书馆外部环境中最重要的因素之一。图书馆作为社会的重要组成部分，其发展和服务能力必然受到社会因素的深刻影响。社会的需求和价值观念对图书馆的服务对象和内容选择有着直接的影响。例如，在教育水平普遍较高的社会中，人们对图书馆的需求会更高，图书馆的服务内容和质量也需要相应提升。反之，在教育水平较低的社会中，图书馆的需求和影响力可能就会受到限制。随着社会的进步和发展，人们对图书馆的需求也在不断变化。例如，近年来，随着信息技术的普及，人们对电子图书和在线资源的需求越来越高，这就要求图书馆有更好的数字化服务能力。在这种情况下，图书馆必须紧跟社会发展的步伐，不断调整服务内容和方式，以满足社会大众的需求。其次，文化因素也是外部环境中一个重要的影响因素。图书馆是一个国家或地区文化传承的重要载体，不同国家和地区的文化差异决定了图书馆的发展方向和服务内容的选择。例如，在我国，图书馆的发展深受儒家文化的影响，强调知识的传播和教育的普及，这就使图书馆成为全民教育的基石。而在西方国家，图书馆的发展则更注重个人隐私和自由阅读的权利，服务内容和形式也更加多样化。图书馆需要根据不同文化背景来提供多样化的图书和服务，以满足不同读者的需求。同时，图书馆也可以通过开展文化活动和展览等方式，促进文化交流和传承。再次，经济因素对图书馆的运作和发展也有着重要的影响。图书馆的经费来源、财政支持和预算都会直接影响到图书馆的服务水平。经费充足的图书馆可以购买更多的书籍和电子资源，提供更好的硬件设施和服务设备，从而吸引更多的读者。经济因素还与社会因素紧密相关，经济的繁荣与发展会促进图书馆的资源采购和设施建设，提高服务质量。反之，经济的衰退和政策紧缩可能会导致图书馆经费的减少，从而影响到图书馆的正常运作和发展。最后，科技因素也是影响图书馆环境的重要因素。随着科技的不断进步，图书馆可以利用各种先进的技术手段改进服务模式和提高效率。例如，借助网络和互联网技术，图书馆可以实现数字化资源的存储和检索，提供更方便和高效的阅读推广服务。此外，大数据、人工智能等新兴技术也为图书馆的发展带来新的机遇和挑战。图书馆需要紧跟科技的发展趋势，不断引入和创新技术应用，以提升服务质量和读者体验。

（二）图书馆内部环境的优势和劣势分析

图书馆内部环境是图书馆作为一个整体运营状态的重要组成部分，它涵盖了图书馆的组织结构、管理制度、人才队伍、设施设备等多个方面。这些因素不仅决定了图书馆的运营模式，更对图书馆的服务效能和内部运作产生了深远的影响。一个良好的图书馆内部环境首先体现在组织结构合理上。一个合理的组织结构能够使图书馆的各个部门和岗位之间形成良好的协作关系，确保各部门的工作能够高效地衔接，从而提升服务效率。这样的组织结构能够使图书馆在面对各种复杂情况时，迅速做出决策，调整工作流程，以满足读者的需求。同时，这样的组织结构也能够激发员工的积极性和创新能力，使他们更好地为读者提供服务。图书馆的内部环境还体现在严密的管理制度上。一个严密的管理制度能够确保图书馆的运作规范，确保各项服务的质量和效率。管理制度应该明确规定图书馆各个岗位的职责和权限，规范工作流程，确保各项服务都能够按照既定的标准进行。此外，管理制度还应该包括对员工行为的规范和激励，以激发员工的工作热情和积极性。图书馆内部的高素质人才队伍也是其优势之一。高素质的人才队伍能够提供专业的阅读推广服务和咨询指导，满足读者的需求。他们能够深入了解读者的阅读习惯和兴趣爱好，为读者提供个性化的阅读推荐和指导。此外，他们还能够及时掌握最新的阅读趋势和信息，为图书馆提供最新的阅读资源。除了以上几个方面，图书馆的内部环境还包括设施设备的完善和先进程度。设施设备是图书馆提供服务的物质基础，它们的质量和先进程度直接影响到图书馆的服务质量。例如，现代化的阅览室、舒适的座椅、便捷的检索系统等都能够为读者提供更好的阅读体验。此外，设施设备的维护和管理也是图书馆内部环境的重要组成部分，它能够确保设施设备的正常运行，延长其使用寿命，从而降低图书馆的运营成本。

然而，图书馆内部环境存在着一些劣势，限制了其发挥作用的效果和效益。部分地方图书馆的设施和资源相对较为匮乏，限制了图书馆提供高质量服务的能力。一方面，有些图书馆的建筑和设备陈旧落后，不能满足读者日益增长的需求。例如，图书馆的座位数不足，无法容纳更多的读者；电子设备老化，无法提供高速网络和齐全的电子资源。另一方面，图书馆的图书馆藏量有限，无法满足读者对多样化知识的需求。这可能导致读者流失和服务质量下降。其次，图书馆的管理制度有时过于僵化，无法灵活适应社会变化和读者需求的变化。图书馆作为一个公共机构，其管理人员往往受到行政层面的限制和约束，难以灵活地推动改革和创新。这导致一些图书馆无法在信息技术应用、读者服务等方面跟上时代的步伐。例如，一些图书馆缺乏数字化服务能力，无法提供在线阅读和远程参考咨询等服务。同时，由于管理制度不够灵活，一些图书馆不能及时调整馆藏结构和采购方式，导致馆藏失衡和服务滞后。另外，一些地方图书馆的人才队伍结构不合理，专业知识和技能不够全面、深入。图书馆的发展离不开专业化人才的支持和推动，但是一些地方图书馆由于各种原因，人才队伍结构不合理，专业能力和水平不高。一方面，有些图书馆缺乏高级职称人员和研究型人才，导致在学科建设和科研创新方面限制较大。另一方面，一些图书馆的从业人员学历和培训水平不高，专业知识和技能欠缺，难以满足读者的知识需求和服务期望。图书馆内部环境的劣势还包括信息技术应用不足、服务意识不强等方面。图书馆在数字化时代的发展离不开信息技术的支持和应用，然而一些图书馆在信息技术基础设施建设和人员培养方面不够重视。这导致图书馆难以提供如在线检索、数字资源存储和管理等高水平的服务。同时，一些图书馆的服务意识不强，缺乏创新精神和对读者需求的深入理解。这使得图书馆的服务呈现出一种单一的、机械化的模式，难以真正满足读者的个性化需求。

（三）图书馆环境因素对阅读推广服务的影响

图书馆环境因素对阅读推广服务的影响是多方面的，既包括了外部环境因素，也包括了内部环境因素。外部环境因素主要涉及需求和资源方面，而内部环境因素则主要涉及人才队伍和设施设备方面。优化图书馆的这些环境因素，可以提高读者参与阅读的意愿和体验，推动阅读推广活动的顺利开展。从外部环境因素来看，社会文化和经济发展对阅读推广服务的影响是基础性的。不同的社会文化背景和经济发展水平，会直接影响到读者对阅读的需求和喜好。例如，在一个崇尚知识、重视阅读的社会环境中，人们会产生阅读的渴望，对阅读的需求也会更加多元化和丰富。而在一个经济发展较为成熟的社会中，人们的生活节奏加快，阅读的方式和内容也会随之发生变化，更加注重效率和实用性。图书馆作为满足读者阅读需求的重要场所，需要根据不同地区和社会群体的特点，有针对性地开展阅读推广服务。这不仅包括提供各类图书和资料，还包括通过举办各种阅读活动，如讲座、研讨会、读书会等，来引导和激发读者的阅读兴趣。同时，图书馆还需要关注读者的阅读反馈和意见，不断调整和优化服务内容和方式，以满足读者的需求。图书馆的资源配置也需要根据外部环境的变化进行调整。这包括图书、期刊、电子资源等各种信息资源的采购和更新，以确保读者能够获取到他们感兴趣的图书和信息。同时，图书馆还需要关注信息技术的应用和发展，积极引入和推广新技术，如数字化、网络化、智能化等，以提高服务质量和效率。

从内部环境因素来看，人才队伍和设施设备对阅读推广服务的影响也是至关重要的。专业的阅读推广人员是阅读推广服务的中坚力量，他们具备丰富的图书知识和阅读经验，能够为读者提供专业的服务和指导。例如，他们可以根据读者的兴趣和需求，推荐合适的图书和阅读材料帮助读者提高阅读技巧，解答阅读中的疑问等。专业的阅读推广人员还能够策划和组织实施各种阅读活动，吸引更多的读者参与。现代化的设施设备是提供舒适和便捷阅读环境的物质基础。例如，图书馆需要有足够的阅览座位和阅读空间，以便读者可以舒适地阅读。此外，图书馆还需要提供便捷的借阅系统和咨询服务，以方便读者快速地获取和了解所需的图书和信息。同时，图书馆还需要定期对设施设备进行维护和更新，以创造良好的阅读环境。

二、读者需求与行为分析

（一）不同群体读者需求的调查与分析

在当今这个信息爆炸的时代，各种各样的书籍如雨后春笋般涌现，琳琅满目，应有尽有。面对如此海量的信息，不同的读者群体必然有着各自不同的阅读需求。为了更好地把握这些需求，笔者进行了一次广泛的调查，希望通过这次调查能够对不同读者群体的阅读需求有一个更深入的理解和把握。调查的对象涵盖了社会的各个阶层，包括学生、上班族、退休老人、教师、企业家等不同职业和年龄段的群体，希望通过这样的方式保证调查结果的全面性和代表性。调查结果显示，学生群体更倾向于阅读轻松有趣的课外书籍和漫画。这个结果并不让人意外，因为学生的主要任务是学习，他们面临着巨大的学业压力，阅读成为他们缓解压力的一种方式。他们希望通过阅读轻松有趣的书籍，能够在繁重的学习之余得到一些精神上的放松，同时也能通过阅读拓宽自己的知识面，增长见识。对于上班族来说，他们更关注职场技能提升、心灵成长和健康生活类书籍。这个结果也很容易理解，因为上班族处于事业的奋斗阶段，他们需要不断提升职业技能，以适应不断变化的社会环境和工作环境。同时，他们也需要关注自己的心灵成长，以保持积极向上的心态。此外，随着年龄的增长，他们对健康生活的关注也越来越高，希望通过阅读这类书籍，保持身体健康，延年益寿。退休老人则更喜欢阅读历史、传记、养生类书籍。因为退休老人有了更多的空闲时间，他们希望通过阅读历史书籍，了解过去，体验不同的人生；阅读传记能够了解不同人物的生平事迹，增长见识；阅读养生类书籍能够了解如何保持身体健康，享受美好的退休生活。教师和企业家群体更关注专业领域的发展和教育、管理类书籍。因为教师和企业家都是专业性很强的职业，他们需要不断更新自己的专业知识，以保持自己在专业领域的竞争力。同时，他们也需要关注教育和管理方面的知识，以提升自己的教育和管理能力。

（二）读者行为特点的研究与分析

在数字化信息爆炸的时代，读者的行为特点显得尤为重要。通过对读者行为的观察和深入分析，可以总结出以下几个显著特点，这些特点不仅揭示了现代阅读习惯的演变，还反映了人们在快节奏生活中对知识获取的需求和方式。一是碎片化阅读已成为一种普遍现象。在现代社会，人们的生活节奏不断加快，工作压力增大，可自由支配的时间变得有限。因此，读者倾向于利用生活中的碎片化时间进行阅读，如在乘坐地铁、公交车上下班的途中，或者在午休、等待会议开始的间隙。这种阅读方式具有灵活性强、方便快捷的特点，能够让读者在短时间内获取信息，满足对知识的快餐式需求。此外，随着信息技术的发展，各种阅读应用程序和电子书的出现，使碎片化阅读更加便捷，读者可以随时随地通过手机、平板电脑等移动设备进行阅读。二是移动阅读成为一种趋势。随着互联网技术的飞速发展，移动设备如智能手机、平板电脑开始普及，越来越多的人选择使用这些设备进行阅读。相较于传统的纸质书籍，移动设备携带方便，存储空间大，可以容纳电子书籍和阅读材料，大大提高了读者的阅读效率。同时，移动阅读还具有互动性强、更新速度快的特点，读者可以在阅读过程中随时查阅资料，增加阅读的深度和广度。此外，移动阅读平台还提供了丰富的阅读功能，如标注、画线、读书笔记等，满足了读者在阅读过程中的个性化需求。三是互动阅读逐渐成为一种新型阅读方式。在网络社交盛行的背景下，读者不再满足于单向接收信息的阅读方式，而是希望在阅读过程中可以与他人互动，分享自己的阅读心得。如今，越来越多的读者通过在阅读平台发表评论、分享书籍、点赞和转发等方式，与其他读者进行交流和互动。这种互动阅读方式不仅能够激发读者的阅读兴趣，还能够拓展读者的社交圈子，丰富读者的阅读体验。同时，通过互动阅读，读者还可以获取到更多的阅读推荐和观点，提高自己的阅读水平和审美能力。四是深度阅读依然受到部分读者的青睐。尽管在快节奏的生活中，碎片化阅读和移动阅读满足了人们快速获取信息的需求，但仍有部分读者喜欢纸质书籍带来的阅读体验。相较于电子书籍，纸质书籍更具有真实感和亲切感，能够使读者在阅读过程中更加专注于文字内容，沉浸在作者所创造的虚拟世界之中。此外，深度阅读还能够帮助读者培养良好的阅读习惯，提高阅读理解能力和思考能力。对于这部分读者来说，阅读不仅是一种获取知识的方式，更是一种生活态度和精神寄托。

（三）读者对阅读推广服务的期望与需求

在对阅读推广服务的调查中发现，读者对阅读推广服务有着丰富的期望与需求。具体表现在几个方面。一是丰富多样的书籍资源。读者普遍希望阅读推广服务能够提供丰富多样的书籍资源，满足不同读者的需求。他们希望阅读推广服务能够涵盖各类书籍，包括但不限于小说、散文、诗歌、科普、历史、哲学等各类题材，以满足不同读者的兴趣爱好和阅读需求。二是个性化推荐。读者希望阅读推广服务能够根据他们的阅读喜好和行为特点，为他们推荐合适的书籍。他们希望阅读推广服务能够运用大数据和人工智能技术，分析他们的阅读历史和行为，为他们提供个性化的推荐，帮助他们找到感兴趣的书籍，提高阅读效率和满意度。三是便捷的阅读体验。读者希望阅读推广服务能够提供便捷的搜索、阅读、分享等功能，提高他们的阅读体验。他们希望阅读推广服务能够提供高效的搜索功能，帮助他们快速找到感兴趣的书籍；提供流畅的阅读体验，确保他们在任何设备上都能享受到高质量的阅读服务；提供便捷的分享功能，让他们可以将喜欢的书籍分享给朋友和家人，增加阅读的乐趣和互动性。四是互动交流的平台。读者希望阅读推广服务能够提供一个互动交流的平台，让他们与其他读者分享阅读心得，互相学习。他们希望这个平台能够提供丰富的讨论区和社区，让他们可以与其他读者交流阅读体验、分享阅读心得、讨论书籍内容和作者观点等；同时，这个平台还应该提供友好的用户界面和便捷的参与方式，让每个人都有机会参与到互动交流中来。五是阅读指导与推荐。读者希望阅读推广服务能够提供专业的阅读指导和建议，帮助他们更好地选择书籍，提升阅读效果。他们希望阅读推广服务能够根据他们的阅读能力、兴趣爱好和实际需求，为他们提供专业的阅读指导和建议，帮助他们选择适合自己的书籍，提高阅读质量，培养良好的阅读习惯和能力。

三、竞争环境与合作机会分析

（一）智慧图书馆阅读推广服务的竞争对手分析

在当前信息化、数字化的时代背景下，智慧图书馆阅读推广服务面临着多方面的竞争压力，这些竞争对手主要包括传统图书馆、线上数字阅读平台、书店以及其他阅读推广机构。为了更好地理解这一竞争环境，下面将对这几种竞争对手进行详细的分析。

一是传统图书馆。作为智慧图书馆的前身，传统图书馆在多年的发展过程中已经积累了大量的读者基础和品牌影响力。它们通常提供实体书籍借阅、阅读活动等服务，以吸引广大读者。尽管智慧图书馆在数字化、智能化方面具有明显优势，但在一定程度上，传统图书馆仍然能够对智慧图书馆构成竞争。例如，一些读者可能更倾向于传统的阅读方式，他们可能会更愿意选择去传统图书馆借阅书籍，而不是使用智慧图书馆的数字资源。此外，传统图书馆通常具有一定的地域性，它们为当地居民提供便捷的阅读服务，这也使得它们在一定程度上能够与智慧图书馆展开竞争。二是线上数字阅读平台。这类平台以京东读书、当当电子书等为代表，它们提供了丰富的数字阅读资源，用户可以随时随地通过手机、平板电脑等移动设备进行阅读，且价格相对较低。这些平台凭借其便捷性和低价优势吸引了大量用户，对智慧图书馆的数字阅读推广服务构成了严重挑战。例如，一些读者可能会选择在数字阅读平台上购买或租借书籍，而不是使用智慧图书馆的数字资源。这无疑会对智慧图书馆的数字阅读推广服务产生一定的影响。三是书店。尽管书店在提供的阅读资源方面相对有限，但它们往往具备良好的实体阅读氛围，能够吸引读者前往选购书籍。对于一些读者来说，逛书店是一种享受，他们喜欢在书店里静静地挑选书籍，感受那种独特的氛围。这种氛围是智慧图书馆难以替代的，因此，书店在一定程度上与智慧图书馆构成竞争。四是其他阅读推广机构，如阅读协会、阅读俱乐部等。这些机构通常会组织各类阅读活动，如讲座、分享会等，以推广阅读文化，吸引更多的阅读爱好者。这些活动往往具有很强的针对性和实用性，能够满足不同读者的需求。因此，它们也吸引了大量的阅读爱好者，对智慧图书馆的阅读推广服务产生了一定的竞争压力。

智慧图书馆阅读推广服务面临着多方面的竞争压力，这使得它在开展阅读推广活动时需要充分考虑这些竞争对手的影响。为了在竞争中脱颖而出，智慧图书馆需要充分发挥自身的优势，如数字化、智能化等方面的优势，同时也要借鉴其他竞争对手的优点，不断改进和提升自身的服务质量和水平，以满足广大读者的需求。具体来说，智慧图书馆可以采取以下几种策略来应对竞争：

一是强化数字资源的建设和整合。智慧图书馆应该加大数字资源的购买或合作，引入更多高质量的数字书籍和阅读资源，以满足读者的需求。同时，智慧图书馆还可以通过整合各类数字资源，提供一站式检索阅读服务，提高读者的使用体验。

二是提升阅读推广活动的质量和创新性。智慧图书馆可以举办各类阅读活动，如讲座、分享会、线上研讨会等，以吸引更多读者。同时，智慧图书馆还可以与其他机构合作，共同举办一些有针对性的阅读活动，以扩大自身的影响力。

三是加强与其他阅读机构的交流和合作。智慧图书馆可以与传统图书馆、线上数字阅读平台、书店等阅读机构建立合作关系，实现资源共享和优势互补。例如，智慧图书馆可以与传统图书馆联合举办阅读活动，与线上数字阅读平台共享数字资源，与书店合作推广阅读文化等。

四是优化服务模式和用户体验。图书馆应该不断改进服务模式，如提供个性化推荐、智能导航、线上线下融合等服务，以满足不同读者的需求。同时，智慧图书馆还需要关注用户体验，不断优化服务平台，提高服务的便捷性和实用性。

五是加强品牌建设和宣传推广。智慧图书馆需要加强自身品牌的建设，通过各种渠道宣传自身的服务和优势，提高知名度和影响力。例如，智慧图书馆可以通过举办各类活动、发布阅读报告、合作媒体推广等方式，让更多读者了解和认可智慧图书馆的服务。

（二）合作机会的发掘与合作伙伴的选择

在当今竞争激烈的阅读环境中，智慧图书馆阅读推广服务应积极寻找各种合作机会，以共同提升阅读推广效果。为了实现这一目标，智慧图书馆需要精心选择合作伙伴，通过合作实现资源共享、活动共建，整合双方的读者群体，提高整体阅读推广效果。智慧图书馆可以与传统图书馆展开深度合作。传统图书馆拥有丰富的馆藏资源，智慧图书馆则具有先进的技术手段和用户数据，两者结合可以实现资源共享、活动共建。通过合作，智慧图书馆可以将自身的用户数据与传统图书馆的馆藏资源进行有效整合，为读者提供更加个性化和精准的阅读推广服务。此外，双方还可以共同开展各类阅读推广活动，如读书会、讲座等，将双方的读者群体整合起来，提高整体阅读推广效果。智慧图书馆还可以与线上数字阅读平台展开合作。随着数字阅读的普及，线上数字阅读平台已成为重要的阅读资源提供者。智慧图书馆可以引入线上平台的优质数字资源，丰富自身的数字阅读服务，提高用户黏性和满意度。同时，智慧图书馆也可以为线上平台提供用户数据和支持，实现内容互补，共同推广数字阅读。通过合作，双方可以实现优势互补，共同为用户提供更好的阅读体验。此外，智慧图书馆可以与实体书店展开合作。实体书店作为阅读的桥梁和媒介，具有丰富的实体书籍资源和广泛的线下活动渠道。智慧图书馆可以与实体书店共同打造线上线下互动的阅读生态圈，通过合作实现资源共享和活动共建。智慧图书馆可以为实体书店提供丰富的阅读资源，如电子书、纸质书籍等，丰富实体书店的馆藏；同时，实体书店可以为智慧图书馆提供线下活动渠道和用户流量，吸引更多读者参与智慧图书馆的活动。通过这种合作，双方可以实现互利共赢。智慧图书馆还可以与阅读协会、阅读俱乐部等阅读推广机构展开合作。这些机构拥有广泛的阅读推广资源和影响力，智慧图书馆可以与其建立合作关系，共同举办各类阅读活动，扩大阅读推广影响力。例如，智慧图书馆可以与阅读协会、俱乐部等联合举办讲座、分享会等活动，邀请知名作家、学者等进行演讲，吸引更多读者参与，提高活动的质量和影响力。通过这种合作，智慧图书馆可以扩大自身的阅读推广范围，提高用户参与度和满意度。

（三）竞争与合作对智慧图书馆阅读推广服务的影响

在当今的信息化社会，智慧阅读推广服务已成为图书馆服务的重要组成部分。它不仅能够提升图书馆的服务质量和水平，还能够满足读者的需求，提高读者的阅读体验。而竞争与合作作为影响智慧阅读推广服务的两个重要因素，对图书馆的发展产生了深远的影响。竞争对智慧阅读推广服务的影响主要体现在促使智慧图书馆不断提升自身服务质量和水平，以吸引更多读者。在竞争环境中，智慧图书馆需要不断丰富数字阅读资源，提高服务便捷性，满足读者个性化需求。这是因为，随着信息技术的不断发展，读者获取信息的渠道越来越多样化，他们对图书馆的服务也提出了更高的要求。为了在竞争中脱颖而出，智慧图书馆必须提升自身的服务质量，提供更加丰富、便捷、个性化的服务。例如，智慧图书馆可以通过以下几个方面提升自身的服务质量和水平：一是丰富数字阅读资源。智慧图书馆可以采购各类数字资源，如电子图书、电子期刊、在线课程等，以满足读者的不同需求。同时，智慧图书馆还可以通过与其他图书馆的合作，共享资源，进一步扩大数字阅读资源的规模。二是提高服务便捷性。智慧图书馆可以通过线上线下相结合的方式，为读者提供一站式服务，如自助借还书、预约借书、访问等。三是满足读者个性化需求。智慧图书馆可以根据读者的阅读喜好和习惯，提供个性化推荐服务，如阅读推荐、图书推荐、活动推荐。合作对智慧阅读推广服务的影响主要体现在使智慧图书馆能够共享资源、互补优势，提高整体阅读推广效果。在合作中，智慧图书馆可以与其他阅读推广机构、平台等建立合作关系，共同举办阅读活动，提升读者的阅读体验。例如，智慧图书馆可以通过以下几个方面提高整体阅读推广效果：一是整合各方资源。智慧图书馆可以与其他图书馆、阅读推广机构、出版社等建立合作关系，共享资源，实现优势互补。二是举办联合活动。智慧图书馆可以与其他合作伙伴共同举办各类阅读活动，如讲座、研讨会、读书会等，吸引更多读者参与。三是推广阅读文化。智慧图书馆可以与其他合作伙伴共同推广阅读文化，提高读者的阅读兴趣和阅读水平。竞争与合作还能够促进智慧图书馆不断创新，以适应市场变化和读者需求。在竞争中，智慧图书馆需要不断寻找新的服务模式和策略，以获得竞争优势；而在合作中，智慧图书馆可以学习其他合作伙伴的成功经验，共同发展。

智慧图书馆可以通过以下几个方面实现竞争与合作：一是创新服务模式。智慧图书馆可以尝试新的服务模式，如无人图书馆、24 小时图书馆等，以满足读者的多元化需求。二是推广成功经验。智慧图书馆可以借鉴其他图书馆的成功经验，如合作伙伴的优秀做法、行业最佳实践等，提高自身的发展水平。三是加强人才培养。智慧图书馆可以通过与高校、研究机构合作，培养具有创新精神和实践能力的人才，为图书馆的发展提供强大支持。

第三章
智慧图书馆阅读推广服务模式创新

一、智慧图书馆个性化推荐服务模式

在传统的图书馆中，读者需要通过手动搜索或咨询图书管理员来找到他们感兴趣的书籍。然而，随着信息技术的发展，智慧图书馆逐渐成为一种新型的图书馆服务模式。个性化推荐服务是智慧图书馆中的一种重要服务形式，它通过分析读者的阅读行为和兴趣，提供那些与读者兴趣相关的图书推荐，从而提高读者的阅读体验和阅读满意度。

（一）个性化推荐系统的原理与技术

个性化推荐系统的原理和技术是基于用户行为和个人信息进行分析，将用户分成不同的群体，并根据群体的特点和偏好为用户推荐符合其兴趣的书籍。为实现这一目标，个性化推荐系统采用了多种技术。首先，协同过滤算法是个性化推荐系统中常用的一种技术。该算法通过分析用户的历史阅读行为和兴趣，找出与用户兴趣相似的其他用户，然后将这些用户喜欢的书籍推荐给该用户。具体而言，协同过滤算法分为两种类型，基于用户的协同过滤和基于物品的协同过滤。基于用户的协同过滤通过找出与目标用户相似的其他用户，并将这些用户喜欢的书籍推荐给目标用户；而基于物品的协同过滤则是找出与目标书籍相似的其他书籍，并将这些书籍推荐给目标用户。这些推荐是通过计算用户的兴趣相似度或书籍的相似度来实现的。其次，内容过滤算法也是个性化推荐系统中常用的一种技术。该算法通过分析书籍的内容特征，如主题、作者、出版社等，将与用户兴趣相关的书籍推荐给用户。具体而言，内容过滤算法通过预先定义的内容标签或特征来表示书籍的内容，然后通过与用户的个人信息和历史阅读行为进行匹配，确定推荐给用户的书籍。此外，基于规则的推荐算法也是个性化推荐系统中常见的一种技术。该算法通过设定一些规则，比如某种类型的书籍适合某个类别的读者，将符合规则的书籍推荐给对应的读者。例如，根据用户的年龄、性别、职业等信息设定规则，将不同类型的书籍推荐给不同的用户。个性化推荐系统的原理和技术不仅能满足用户的兴趣需求，提高用户的阅读体验，还能促进书籍的销售和推广。通过分析用户的行为数据和个人信息，个性化推荐系统能够精确地推荐符合用户兴趣的书籍，避免了用户信息的信息过载和信息噪音。同时，个性化推荐系统还能帮助用户发现新的书籍，拓宽用户的阅读领域。个性化推荐系统的实现需要解决一些技术挑战。首先，个性化推荐系统需要有效地获取和处理用户的行为数据和个人信息。其次，个性化推荐系统需要建立准确的用户和书籍的兴趣模型，以便进行相似度计算和推荐。最后，个性化推荐系统还需要解决冷启动问题，即在用户初始加入系统或者没有足够的行为数据时如何进行个性化推荐。

（二）个性化推荐服务在智慧图书馆的应用案例

在智慧图书馆中，个性化推荐服务有着广泛的应用。个性化推荐服务不仅能够帮助读者更快地找到自己感兴趣的书籍，提高阅读效率，还能帮助图书馆提高图书的利用率。个性化推荐服务可以帮助读者节省时间并准确地找到自己感兴趣的书籍。当读者登录到智慧图书馆的系统后，系统会根据读者的历史阅读记录和个人信息，为其推荐与其兴趣相关的书籍。通过分析读者的阅读偏好、浏览历史以及个人信息（如年龄、性别、职业等），系统能够准确地了解读者的兴趣领域和阅读需求。系统会根据这些信息，为读者提供在图书馆馆藏中最适合其兴趣的书籍推荐列表。这样，读者可以直接从推荐列表中选择自己感兴趣的书籍，省去了在图书馆寻找书籍的时间和精力，并确保了读者能够找到满足自己需求的书籍。个性化推荐服务还可以帮助图书馆提高图书的利用率。通过分析读者的阅读行为和兴趣，图书馆可以了解到读者喜欢什么类型的书籍、关注哪些作者、热衷于哪些领域等。基于这些信息，图书馆可以调整自己的图书采购策略，更准确地购买读者感兴趣的图书。例如，如果系统发现读者对科幻类图书较感兴趣，图书馆可以增加科幻类图书的采购量，以满足读者的需求。这样一来，图书馆购买的图书更加贴合读者的需求，提高了图书的借阅率。同时，个性化推荐服务还可以帮助图书馆了解到哪些图书让读者流失，可以及时对这些图书进行处理，以节省资源和预算。除了提高书籍利用率，个性化推荐服务还可以促进读者与图书馆之间的互动和交流。个性化推荐服务为读者提供书籍推荐的同时，还可以提供书籍的详细信息、评论和评分等。读者可以通过这些信息了解图书的内容、质量以及其他读者的评价，从而更好地选择自己感兴趣的书籍。同时，读者还可以根据自己的阅读历史、评分、评论等信息为其他读者提供反馈和建议，分享自己的阅读体验和观点，促进读者之间的交流和互动。此外，个性化推荐服务还可以帮助图书馆进行图书馆资源的管理和优化。通过分析读者的阅读行为和兴趣，图书馆可以了解到不同图书的受欢迎程度以及借阅量。可以通过这些信息来调整图书的存放位置、布局和排列方式，使热门图书更易于被读者发现和借阅。这既方便了读者，也提高了图书馆的运营效率。需要注意的是，在使用个性化推荐服务的过程中，需要保护读者的隐私和个人信息。同时，在为读者提供推荐服务时，要尊重读者的选择和阅读偏好，不对读者进行过多的干预。

（三）个性化推荐服务对读者阅读体验的影响

在当今数字化信息时代，个性化推荐服务作为一种创新的阅读服务模式，正在深刻地改变着人们的阅读习惯和体验。个性化推荐服务，简而言之，就是根据用户的阅读历史、兴趣爱好和行为特征，利用数据挖掘和机器学习等技术，向用户推荐符合其个性化需求的阅读内容。这种服务模式对于提升读者的阅读体验，优化图书馆的服务体系，乃至推动整个出版业的繁荣发展都具有重要的现实意义。个性化推荐服务在提升读者阅读体验方面起着至关重要的作用。传统图书馆的书籍排列通常是按照分类进行组织，这种方式虽然系统但并不一定高效。对于读者来说，尤其是在面对浩瀚书海时，往往感到迷茫，难以快速准确地找到自己真正感兴趣的书籍。个性化推荐服务就像是一位智能化的阅读向导，它能够深入洞察读者的阅读偏好，为读者提供量身定制的阅读方案。通过这种服务，读者可以轻松地接触到那些可能原本不会注意到的优秀作品，极大地提高了阅读的愉悦感和满意度。个性化推荐服务还能够促进读者的阅读多样性。每个人的阅读兴趣都是多元的，但在传统的阅读环境中，由于各种条件的限制，读者往往只能接触到有限范围内的书籍。个性化推荐服务则能够突破这些限制，通过算法推荐，将不同类型、风格、领域的书籍推荐给读者，鼓励读者探索新的阅读领域，开阔视野，增长知识。这种服务的益处在于，它不仅可以帮助读者巩固和扩展已有的兴趣，还可以激发读者探索未知领域的热情，从而促进知识的全面发展和个性的全面发展。个性化推荐服务的实现，依赖于先进的信息技术和数据处理能力。在大数据背景下，图书馆和出版机构可以收集到海量的读者信息和行为数据，通过数据分析和处理，个性化推荐能够精准地捕捉到读者的需求和偏好。这种基于数据的个性化推荐，比传统的基于人为判断的推荐更加科学和高效，它能够实现实时推荐，动态调整，确保读者总能获得最新的、个性化的阅读推荐。同时，个性化推荐服务还能够帮助图书馆优化其藏书结构和流通管理。通过对读者阅读数据的分析，图书馆可以更好地了解读者的实际需求，据此调整采购策略，提高图书的利用率和流通效率。个性化推荐服务还能够提升图书馆的服务品质和形象，使图书馆在信息爆炸的时代中，依然保持其对于读者的独特吸引力和价值。

二、智慧图书馆智能化导读服务模式

智慧图书馆智能化导读服务模式是利用现代信息技术手段，为读者提供智能化的图书导读服务。通过智能化导读系统的构建与实现，可以实现图书馆自动化管理和智能化服务的目标。同时，智能化导读服务的运营模式与管理也是确保其正常运行和持续发展的关键。在进行智能化导读服务的优势与局限性分析时，需要考虑其在提高图书馆服务质量、促进读者参与度和满意度方面的潜力以及可能存在的技术、隐私和人工智能偏差等局限性。

（一）智能化导读系统的构建与实现

在现代社会，图书馆作为知识的宝库，承载着人类文明的重要传承。然而，面对海量的图书资源，读者往往难以快速准确地找到自己感兴趣的书籍。为了更好地解决这一问题，智能化导读系统应运而生。这种系统利用先进的人工智能、大数据和云计算等技术手段，对图书馆的图书进行分类、索引和提供导读服务，从而实现高效、精准的图书推荐和导读功能。智能化导读系统通过对读者浏览历史、借阅记录和兴趣偏好的分析，能够为读者推荐符合其阅读需求的图书，并提供相关的导读信息和推荐理由。这种系统不仅可以帮助读者快速找到自己感兴趣的书籍，还能引导读者拓展阅读领域，提高阅读质量。智能化导读系统的构建与实现需要借助先进的技术手段和专业的团队，包括信息获取、数据处理与分析、推荐算法和个性化服务等方面的能力。首先，构建智能化导读系统需要建立图书馆的图书资源库。这个资源库要包含图书馆所有图书的信息，如书名、作者、出版社、出版日期、内容简介等。为了方便管理和查询，图书资源库还需要对图书进行完善的分类和标注，如按照学科、作者、出版年份等进行分类，并给予相应的编号。其次，建立读者的个人档案是智能化导读系统的重要组成部分。个人档案中应包含读者的基本信息，如姓名、性别、年龄、联系方式等，以及阅读习惯和阅读兴趣等信息。通过收集和分析读者的个人信息和阅读记录，智能化导读系统可以更好地了解读者的需求，为读者提供更加精准的推荐服务。接下来，智能化导读系统需要对图书馆馆藏图书和读者个人档案进行数据处理和分析。这个过程主要包括数据清洗、数据整合和数据挖掘等环节。数据清洗是为了去除无效和重复的数据，保证数据的质量。数据整合是将来自不同来源的数据进行合并，形成统一的数据视图。数据挖掘则是基于机器学习和推荐算法，挖掘出图书和读者之间的关联性，为读者提供个性化的图书推荐和导读服务。在智能化导读系统的实现过程中，还需要考虑与图书馆管理系统的连接。通过与图书馆管理系统实时交互，智能化导读系统可以获取最新的图书馆资源信息和读者借阅记录，保证推荐服务的准确性和时效性。此外，智能化导读系统还可以与图书馆的自助借还书机和智能查询终端等设备进行连接，方便读者的借阅和查询操作，并提供更加便捷和智能的服务体验。

（二）智能化导读服务的运营模式与管理

智能化导读服务的运营模式与管理对于保证其正常运行和持续发展至关重要。在运营模式方面，可以选择自主开发和运营、与第三方合作或利用公共资源的方式。自主开发和运营是一种适用于技术要求高、有能力独立完成智能化导读系统建设和运营的图书馆的模式。这需要建立一个专门的团队，负责系统开发、维护和升级。这种模式的优势在于完全掌握系统的技术细节和运行逻辑，能够根据图书馆的具体需求进行个性化定制。然而，自主开发和运营模式也面临着技术更新和维护成本高、研发周期长的挑战。与第三方合作是另一种常见的运营模式。图书馆可以借助外部的专业技术团队和平台，快速实现智能化导读服务，减轻图书馆自身技术负担。与第三方合作模式具有开展速度快、专业水平高的优势。同时，合作方还可以提供技术支持和系统维护等服务。然而，与第三方合作模式也面临着与合作方的协商和合作风险、成本控制以及后期服务等问题。利用公共资源是一种合作与共享的模式。图书馆可以与其他图书馆、图书馆联盟或行业平台合作，在资源和经验上实现共享，从而降低成本并提高效益。这种模式的优势在于可以借助合作伙伴的力量完成资源的整合和开发，充分利用各方的优势。然而，利用公共资源的模式也需要协调各方的合作意愿和目标，确保协作的顺利进行。在智能化导读服务的管理方面，首先需要建立一个专门的技术支持和运维团队，负责日常的系统运行、故障处理和维护工作。这个团队需要具备相关的技术能力和经验，以保证系统能够稳定运行。同时，该团队还应建立反馈机制，定期收集读者的意见和建议，以便及时调整和优化导读服务。通过读者的反馈，图书馆可以了解读者的需求和期望，进一步改善服务质量。此外，对智能化导读系统的使用情况和效果进行评估和监测也是必要的。通过建立评估指标和监测体系，可以对系统的运行情况进行跟踪和分析，及时发现问题并进行解决。评估结果可以为图书馆提供改进和提升导读服务的依据，同时也可以为系统的升级和优化提供参考。

（三）智能化导读服务的优势与局限性分析

智能化导读服务作为一种创新的图书馆服务方式，具有许多优势，可以提升图书馆的服务质量和效率，促进读者参与度和满意度的提升。智能化导读服务可以通过个性化的推荐和导读，为读者提供更加精准和符合其需求的图书推荐和借阅导引，提高读者选择图书的效率和满意度。传统的图书馆服务往往只提供一张书目清单，而智能化导读服务可以根据读者的兴趣、阅读习惯等因素，为读者量身定制推荐清单，提供更加个性化和多样化的选择。其次，智能化导读服务可以利用读者的阅读历史和偏好数据，通过大数据分析和机器学习算法，分析和挖掘隐藏的读者需求，为读者提供更有针对性和吸引力的服务。通过深入挖掘读者的阅读习惯、乐趣和需求，智能化导读服务可以帮助图书馆更好地了解读者的需求，并根据这些需求提供更具针对性的图书推荐和导读服务。这种个性化服务可以促进读者阅读兴趣的培养和提升，激发读者的阅读热情和积极性，进一步提高阅读效果和满意度。智能化导读服务还可以提供图书的相关信息和评价，帮助读者更好地了解和选择图书。在传统的图书馆服务中，读者往往只能根据书名、作者等简单信息来选择图书。而通过智能化导读服务，读者可以了解图书的简介、目录、摘要、读者评价等更详细的信息，从而更好地判断图书的适用性和质量。这不仅能够提升读者的阅读体验，还可以帮助读者避免盲目选择，提高借阅的准确性和满意度。智能化导读服务也可以实现图书馆自动化管理和智能化服务的目标，提高图书馆的运行效率和管理水平。传统的图书馆服务过程中，图书管理员需要花费大量时间和精力处理读者的咨询、借还图书等事务，而智能化导读服务可以通过自动推荐和导读系统，减轻图书管理员的负担，提高工作效率。智能化导读服务还可以准确记录读者的借阅历史和偏好，为图书馆提供更具有市场分析价值的数据，帮助图书馆优化图书馆资源的配置和图书采购决策，提高图书馆的运营效率和服务质量。

　　然而，智能化导读服务也存在一些局限性。首先，智能化导读服务的准确性和效果受限于图书馆的图书资源和读者数据的质量和完整性。如果图书馆的图书资源建设不完善，特别是对于一些新近出版的图书信息更新不及时，可能导致推荐结果不准确或缺失。同时，如果读者档案中的个人数据不全面或者含有错误的信息，智能化导读服务可能无法准确分析读者的兴趣和需求，导致推荐不符合读者期望。因此，图书馆应该加强图书资源的清理和更新工作，完善个人档案收集的流程和机制，提高智能化导读服务的准确性和质量。智能化导读服务依赖于人工智能和大数据分析技术，可能存在技术不稳定、数据泄露和隐私侵犯等风险。人工智能技术的发展较为迅速，但仍然存在一些技术难题和安全风险。如果智能化导读服务的技术部署和维护不当，可能导致系统故障或者数据泄露的风险。此外，智能化导读服务涉及读者的个人数据，如阅读历史、兴趣偏好等，如果这些数据没有受到足够的安全保护，可能会面临数据被滥用或者泄露的风险。因此，图书馆在提供智能化导读服务的同时，应该加强数据安全和隐私保护的措施，确保读者的个人数据得到妥善处理和保护。此外，智能化导读服务还可能存在人工智能偏差的问题。人工智能系统在进行推荐和导读过程中，往往基于一定的算法和模型进行决策。然而，这些算法和模型可能存在一定的主观偏好，导致推荐结果偏向某些特定类型的图书或作者。例如，在推荐过程中，系统可能更倾向于给读者推荐热门图书或者畅销书籍，而忽视一些冷门但有价值的作品。这种偏差可能导致推荐结果的一致性和公正性受到质疑。为了避免这种偏差，图书馆需要建立合理的算法和模型，并进行定期的审查和优化，提高推荐结果的准确性和公正性。

三、智慧图书馆社交化互动服务模式

在当今信息化时代，智慧图书馆作为图书馆发展的新趋势，强调以用户为中心，提供更加智能化、个性化的服务。为了满足读者的多元化需求，社交化互动服务模式在智慧图书馆中发挥着越来越重要的作用。通过搭建社交化互动平台，加强与读者的互动和沟通，能够增强图书馆的服务效果，提高读者的满意度。

（一）社交化互动平台的搭建与运营

在当今这个信息化快速发展的时代，社交化互动已经成为人们获取知识、分享信息、交流互动的重要方式。作为信息化建设的重要载体，智慧图书馆也需要与时俱进，搭建社交化互动平台，以此来实现与读者的深度互动，提供更加人性化、智能化的服务。社交化互动平台的搭建是智慧图书馆实现其服务模式的关键一步。以微信公众号、微博、抖音等社交媒体平台为例，这些平台具有广泛的用户基础和强大的传播能力，是图书馆与读者建立联系的重要桥梁。通过这些平台，图书馆可以为读者提供及时、准确、丰富的信息，如新书推荐、活动通知、知识分享等，使读者在享受图书馆服务的同时，也能感受到图书馆的亲近感和存在感。社交化互动平台也是读者之间进行交流互动、知识分享的空间。在这个平台上，读者可以就自己感兴趣的话题展开讨论，分享自己的读书心得，从而形成良好的互动氛围，激发读者的学习兴趣和探索精神。此外，读者还可以通过平台向图书馆提出建议和意见，帮助图书馆更好地了解读者的需求，进而改进和提升服务质量。然而，仅仅有了社交化互动平台还不够，如何运营好这些平台，提升其知名度和影响力，吸引更多的读者参与，也是智慧图书馆需要面对的重要问题。在这方面，图书馆需要制定合理的运营策略，从内容策划、用户运营、活动组织等方面入手，提升平台的服务质量。第一，内容策划是平台运营的核心。图书馆需要精心策划各类内容，如图书推荐、作者访谈、读书心得等，以满足读者的不同需求。同时，内容还需要具有趣味性、知识性，以吸引读者的注意力，提高读者的阅读兴趣。第二，用户运营是平台运营的重要环节。图书馆需要根据读者的特点和需求，进行精准定位，为读者提供个性化的服务。例如，对于喜欢读书的读者，可以提供定期的图书推荐；对于喜欢参加活动的读者，可以组织各种线上线下活动，满足他们的参与需求。第三，活动组织是平台运营的亮点。图书馆可以通过组织各种活动，如读书会、讲座、展览等，吸引读者的参与，提升平台的活跃度。同时，活动还可以加强与读者的互动和沟通，让读者更好地了解图书馆的服务和资源，提高读者的满意度和忠诚度。

（二）社交化互动服务在智慧图书馆中的应用案例

智慧图书馆通过社交化互动服务模式，不仅能提供更加智能化、个性化的服务，还能够增强读者之间的交流和互动，提高读者的阅读兴趣和参与度。下面将详细介绍一些社交化互动服务在智慧图书馆中的应用案例，包括智能推荐服务、实时互动问答、线上阅读分享会和社交化导览服务。第一，智能推荐服务是智慧图书馆的一项重要服务。通过利用大数据和人工智能技术，智慧图书馆可以根据读者的阅读历史、借阅记录等信息，为读者推荐相关的图书、讲座、活动等信息。这种智能推荐服务能够帮助读者更好地发现自己感兴趣的内容，提高阅读的效果和体验。例如，当一个读者借阅了几本与历史相关的书籍后，智慧图书馆系统可以根据这些信息，向该读者推荐和历史相关的展览、讲座等活动。这样一来，读者不仅可以进一步深入了解历史，还能够参加与之相关的活动，增强了阅读内容的实际应用价值。第二，实时互动问答是智慧图书馆提供的另一种重要服务。智慧图书馆可以利用社交媒体平台，为读者提供实时互动问答服务。读者可以通过平台提出问题，图书馆工作人员或其他读者可以及时回答。这种服务能够满足读者对信息的需求，并促进读者之间的交流和互动。比如，一个读者对某本书的某个情节有疑惑，他可以通过智慧图书馆的社交媒体平台提出问题，其他熟悉该书的读者或图书馆工作人员可以及时回答。这样一来，读者可以解决疑问，进一步了解和深入讨论相关的内容，提高阅读的效果和满意度。第三，智慧图书馆还可以定期组织线上阅读分享会，邀请读者分享自己的阅读心得、感悟和收获。这种活动能够增强读者之间的交流和互动，同时也能够激发读者对阅读的兴趣和热情。在线上阅读分享会中，读者可以选择自己感兴趣的主题进行分享，例如某个作家的作品、某个时期的文学作品等。读者可以分享自己的阅读体会和观点，并与其他读者进行交流和讨论。这种活动不仅能够丰富读者的阅读经验，还能够增加读者对图书馆的参与度和忠诚度。第四，智慧图书馆可以利用虚拟现实、增强现实等技术，为读者提供社交化导览服务。读者可以通过平台选择自己喜欢的场景、人物、故事等元素，进行虚拟漫游和互动体验。通过这种方式，读者可以更加生动地了解图书馆的各个区域和资源。例如，读者可以选择进入一本书的虚拟世界，与书中的人物互动，参与其中的故事。这样一来，读者可以更加深入地了解书籍中的内容，并通过交流和互动增强阅读体验。

（三）社交化互动服务对读者参与度的影响

社交化互动服务对读者参与度的影响是非常显著的。第一，通过实时互动问答、线上阅读分享会等活动，社交化互动服务模式能够提高读者的阅读兴趣。传统的图书馆服务往往只是提供图书资源，缺乏与读者的互动和沟通。而通过社交化互动服务，读者可以参与到各种问答、分享活动中，与其他读者进行交流和讨论，从而增强了他们的阅读兴趣，激发了他们的阅读热情。这种实时的互动体验能够让读者更加投入到阅读中，提高他们的参与度。第二，社交化互动平台还能够增强读者与图书馆的黏性。传统的图书馆服务往往只是提供书籍借阅、读者咨询等服务，而缺乏主动与读者进行沟通和互动。而社交化互动平台则通过搭建一个开放、互动的网络空间，使读者能够随时随地与图书馆进行交流和互动。读者可以在这个平台上提出问题、分享自己的阅读心得，图书馆也能够及时回复和提供专业的指导。这种交流互动能够建立起读者与图书馆之间的紧密联系，提高读者的忠诚度和满意度。读者会感到图书馆真正关心他们的需求，愿意经常使用图书馆的服务。第三，社交化互动平台还能够扩大图书馆的影响力。一个活跃的社交化互动平台能够吸引更多的读者参与和关注图书馆的活动和服务。读者通过平台上的互动活动可以了解到更多关于图书馆的信息，这将进一步提高他们对图书馆的认可度和信任度。同时，一个有影响力的社交化互动平台也能够吸引其他图书馆、社会组织等的注意力。通过与其他机构的合作与交流，图书馆能够扩大自己的影响力，拓展自己的服务范围。这种合作可以包括与其他图书馆的资源共享、与社会组织的联合活动等。通过与其他机构的合作，图书馆能够更好地传播自己的服务理念和推广自己的服务项目，提高自己在社会中的地位和影响力。

第四章
智慧图书馆阅读推广服务内容优化

一、图书推荐策略优化

（一）基于兴趣偏好的图书推荐方法研究

随着信息时代的到来，图书市场日益繁荣，图书种类繁多，读者选择图书的难度也越来越大。兴趣偏好作为影响读者选择图书的重要因素之一，显得尤为重要。因此，基于兴趣偏好的图书推荐方法在提高图书推荐准确性和个性化水平方面具有重要意义。目前，主流的基于兴趣偏好的图书推荐方法主要包括协同过滤、内容推荐和混合推荐等。协同过滤推荐算法是一种基于数据挖掘和人工智能的推荐方法，主要通过分析读者的历史行为数据，挖掘出其他具有相似阅读偏好的读者，从而为用户推荐他们可能喜欢的图书。该方法主要包括两个步骤，一是找到与目标用户相似的用户集合，即近邻用户；二是根据近邻用户的评分预测目标用户对未知图书的评分，并按照评分高低进行推荐。协同过滤推荐算法虽然简单、易实现，但由于面临冷启动问题和数据稀疏性挑战，其性能有时无法达到理想状态。内容推荐算法则主要根据图书的属性信息（如主题、作者、出版社等）和读者的兴趣偏好，计算图书与读者之间的相关度，从而为读者推荐符合其兴趣的图书。这种方法能够提供更加精确的推荐结果，但其实现难度较大，需要大量的图书属性信息和读者反馈数据。为了克服这两种方法的局限性，混合推荐算法应运而生。混合推荐算法将协同过滤推荐算法和内容推荐算法相结合，旨在利用两种方法的优点，提高推荐系统的性能。这种方法的主要思路是：首先利用协同过滤方法找到与目标用户相似的用户集合；然后根据这些近邻用户的阅读历史和图书属性信息，进一步分析目标用户可能喜欢的图书；最后，结合内容推荐算法，对推荐结果进行优化，进一步提高推荐质量。为了提高基于兴趣偏好的图书推荐方法的准确性，研究人员不断提出各种改进策略。例如，使用深度学习技术可以提取出读者和图书的深层次特征，这些特征可以更加精细地描述读者的兴趣和图书的内容，从而提高推荐的准确性。此外，利用强化学习优化推荐过程也是一种可行的策略，这种方法可以通过让系统不断地试错和学习，自动优化推荐算法的性能。另外，引入时间因素考虑读者兴趣的动态变化也是提高推荐准确性的有效手段。随着时间的推移，读者的兴趣可能会发生变化，因此，通过实时更新和调整推荐算法，可以更好地满足读者的需求。除了以上策略，还可以通过融合多种数据源来提升推荐系统的性能。这些数据源包括但不限于读者评论、社交网络、博客等。读者评论可以为系统提供丰富的图书评价信息，帮助系统了解图书的质量和吸引力。社交网络和博客则可以提供关于读者的更多信息，如他们的社交圈、阅读习惯等，这些信息有助于提高推荐的准确性。另外，采用多任务学习等技术也是提升推荐系统性能的有效手段。多任务学习是一种机器学习技术，它允许模型在多个任务之间共享学习资源，从而可以提高模型的泛化能力，避免过拟合的问题。

（二）图书推荐系统的评价与改进

图书推荐系统的评价是衡量其性能的重要手段。在评价过程中，需要考虑准确性、新颖性、覆盖度和解释性等指标。准确性是评估推荐系统推荐图书与实际阅读图书的匹配程度。一个好的推荐系统应该能够根据用户的兴趣和阅读历史，准确地推荐与之相匹配的图书。为了提高准确性，可以采用更先进的推荐算法，比如协同过滤、基于内容的推荐算法和深度学习算法等。此外，融合更多类型的数据源也是提高准确性的一种策略，比如用户的社交网络数据、用户的购买记录等。另外，可以利用用户的反馈信息不断优化推荐结果，比如利用用户对推荐结果的评分和评论等。新颖性是评估推荐系统是否能够推荐读者未曾阅读过的图书。一种常见的提高新颖性的策略是定期更新推荐列表，将用户之前没有阅读过的图书纳入推荐范围。此外，引入图书流行度衰减机制也是一种有效的方式，即对于热门图书给予较低的推荐权重，以保证推荐结果不会过于偏向热门图书。覆盖度是评估推荐系统是否能够覆盖不同类型和领域的图书。为了提高覆盖度，可以对推荐系统进行多元化设计，确保推荐结果涵盖尽可能多的图书类型和领域。这可以通过引入多个推荐模型，每个模型负责不同类型或领域的图书推荐，然后将它们的结果合并起来。此外，还可以利用用户的兴趣标签、分类信息等来扩大推荐的覆盖范围。解释性是评估推荐系统是否能够为用户提供合理的推荐理由。用户对于推荐系统的信任程度与其能够理解和接受推荐结果的解释程度密切相关。为了提高解释性，可以利用图书特征信息和用户行为数据来生成推荐理由。例如，推荐系统可以根据用户的阅读历史和个人喜好，解释为什么这本图书会被推荐给用户。此外，还可以将推荐结果与用户的需求和兴趣进行匹配，并给出相应的解释。

（三）图书推荐策略对阅读推广服务的效果分析

在现代社会，图书推荐策略对于阅读推广服务的效果分析是一个值得深入探讨的话题。图书推荐策略在阅读推广服务中的作用不可小觑，它能够以一种独特的方式提高读者的阅读兴趣和阅读量，进而促进阅读文化的传播和推广。其重要性主要体现在以下几个方面。首先，基于兴趣偏好的图书推荐方法能够为读者推荐符合其阅读需求的图书，提高读者的阅读兴趣。这是一个非常关键的点，因为只有当读者对书籍产生了兴趣，他们才会愿意去阅读、去了解、去思考。通过对读者历史行为数据的分析，推荐系统可以发现读者潜在的阅读兴趣，从而为读者推荐他们未曾关注过的图书。这种方法不仅可以激发读者的阅读热情，还可以拓宽读者的阅读视野，提高阅读量。在这个过程中，推荐系统就像是一个智能的导购员，通过对读者的购买历史、浏览记录等信息进行分析，能够精确地把握住读者的需求，为其推荐最适合的图书。这种个性化的推荐服务，无疑能够大大提高读者的阅读体验，增强他们对阅读的热爱。其次，图书推荐策略有助于提高图书馆服务质量。这一点主要体现在图书馆对读者阅读行为的分析和挖掘上。通过这种方式，图书馆可以更好地了解读者的需求，为读者提供更加精准的图书推荐。这种精准的推荐不仅可以满足读者的阅读需求，还可以帮助图书馆优化图书采购和库存管理，提高图书馆资源利用率。在这个信息爆炸的时代，图书馆的图书数量庞大，读者往往难以在众多的书籍中找到自己真正需要的。而有了图书推荐策略，图书馆就可以像一个聪明的导购员，为读者推荐他们感兴趣的书籍，从而提高读者的阅读体验，提升图书馆的服务质量。最后，图书推荐策略对阅读推广活动具有积极意义。通过分析读者的阅读行为和兴趣偏好，推荐系统可以为阅读推广活动有针对性地推荐图书，从而提高阅读推广活动的效果。这种方式不仅可以吸引更多的读者参与到阅读推广活动中来，还可以提高活动的实效性。此外，基于兴趣偏好的图书推荐方法还可以促进读者之间的互动和交流，形成良好的阅读氛围。当在推荐系统的引导下，阅读到彼此感兴趣的书籍时，他们就会产生交流的欲望，分享自己的阅读体验和感悟。这种交流和分享，不仅能够增强读者之间的友谊，还可以激发他们更大的阅读兴趣，形成一种良好的阅读氛围。

二、智慧图书馆阅读分享活动策划

（一）阅读分享活动的目标与策划流程

阅读分享活动是智慧图书馆的一个重要组成部分，旨在鼓励读者积极参与阅读并与他人分享阅读体验和见解，以促进阅读文化的传播和交流。该活动的目标主要包括提高读者的阅读积极性和读写能力，拓宽读者的阅读领域和阅读体验，增加读者之间的交流和学习互动。为了保证阅读分享活动的顺利进行，需要按照以下策划流程来进行。首先，确定活动的主题和内容是关键。可以根据读者的需求和兴趣来确定活动的主题。主题可以涵盖文学作品、科普读物、历史研究、思想哲学等不同领域，尽量满足读者多元化的阅读需求。同时，也可以结合当前社会热点和时事话题，使活动更具吸引力和参与度。确保内容丰富多样，满足各类读者的需求。接下来，需要进行宣传推广活动。在确定了活动的主题和内容后，需要利用智慧图书馆的各种渠道进行宣传推广。这些渠道包括社交媒体、海报、微信公众号等。通过这些渠道向读者宣传活动的信息，吸引他们的注意，提高他们的参与意愿。同时，还可以组织一些宣传活动，如阅读沙龙、读书分享会等，以吸引更多读者的参与。

在宣传推广之后，需要进一步组织和安排活动。首先，需要确定活动的时间、地点和形式。根据活动的主题和内容，可以选择线上或线下的形式进行。其次，需要规划活动的流程和具体内容。可以邀请专业人员进行讲解和指导，在活动中提供更多的阅读指导和解读。确保活动具有一定的学术性和深度，提供高质量的阅读体验。在活动进行过程中，要保证活动的顺利进行。组织人员需要进行现场秩序维护和交流引导，确保活动的安全和秩序。同时，也需要进行反馈和监督，收集参与者的意见和建议，为后续活动的改进提供依据。活动执行的顺利与否关系到读者的满意度，需要做好组织和管理工作。最后，在活动结束后，需要对活动进行总结和评估。主要包括对活动的效果和收获进行评估，分析活动中存在的问题和不足。通过总结和评估，可以为下一次活动做好准备，提高活动的质量和参与度。同时，也可以对活动的成功之处进行肯定，激励和鼓励参与者积极参与下一次的活动。这样可以促进读者的参与度和活动的持续发展。

（二）阅读分享活动的形式与内容设计

阅读分享活动的形式和内容设计可以根据活动的主题和读者的需求来确定。以下是一些常见的形式和内容设计：

1. 读书分享会：读书分享会是一种常见的形式和内容设计。这种活动邀请专业人士或相关领域的人士来进行讲解和分享。参与者可以提前阅读指定的书籍或文章，并在分享会上进行讨论和交流。分享会可以设立主题，例如探讨一个作家的作品，深入阅读一本经典文学作品或讨论一个热门话题。这种形式的活动旨在培养读者的理解能力和思辨能力，并且让他们通过与专业人士的互动学习到更多的知识。

2. 读书沙龙：读书沙龙是另一种常见的形式和内容设计。组织学习小组或读书会，读者可以在沙龙中分享自己的阅读体验和见解。通过交流和互动，读者可以提高阅读能力和理解能力。沙龙可以以不同的方式进行，可以是面对面的实体沙龙，也可以是在线的虚拟沙龙。参与者可以在沙龙中选择自己感兴趣的话题，分享自己的观点，并在群体中讨论和学习。这种形式的活动有助于读者与他人共同成长，并从别人的观点和经验中获得新的启示。

3.线上阅读俱乐部：利用智慧图书馆的在线平台，创建线上阅读俱乐部。读者可以在平台上进行阅读记录和评论，并与其他读者进行交流和互动。通过线上平台，读者可以分享自己的阅读心得和感受，并从其他读者的评论和互动中获得更多的阅读启发。线上阅读俱乐部还可以设立一些挑战和任务，例如每月推荐一本书、每周分享一篇读后感等，激发读者的参与积极性。这种形式的活动可以扩大阅读的影响力，让更多的读者参与进来，并形成一个共同学习和进步的社群。

4.阅读推荐和展示：给读者提供一些经典、有趣或新颖的书籍推荐，同时在图书馆的展示区或网站上展示这些书籍的相关介绍和评论。通过展示区或网站上的推荐和介绍，读者可以了解到一些新的阅读资源，并根据自己的兴趣选择适合自己的书籍。同时，读者也可以在展示区或网站上分享自己的阅读心得和评价，与其他读者进行交流和互动。这种形式的活动可以提高读者的阅读兴趣和阅读积极性，让他们更加主动地参与到阅读分享的过程中。

5.书评比赛：组织读者参与书评比赛，鼓励他们写下自己对书籍的评价和观点，选出优秀的书评并进行奖励，也是一种常见的形式和内容设计。书评比赛可以设立一定的主题或范围，例如某个作家的作品、某个文学流派、某个时期的文学作品等。参与者可以通过书评表达自己的阅读理解和思考，分享自己对书籍的感受和分析。评选出的优秀书评可以被收录在图书馆或网站上，为其他读者提供参考。这种形式的活动可以激发读者深入思考和阅读的能力，同时也能够发现和培养有文学才华的读者。

（三）阅读分享活动的效果评估与改进

为了评估阅读分享活动的效果和改进活动的内容和形式，可以采取以下措施：

1.收集参与者的反馈和评价：在活动结束后，通过问卷调查或反馈表，收集参与者的反馈和评价。这些反馈可以包括他们对活动的满意度、收获以及对于改进活动的建议。通过这种方式，可以了解参与者对活动的真实感受，以便了解活动的优点和不足之处。同时，也可以从参与者的建议中获取灵感，以优化未来的活动。除了问卷调查，还可以在活动现场收集参与者的口头反馈，以便更直接地了解他们的想法和意见。这些反馈将提供更具体、更直观的信息，帮助改进未来的活动。

2.统计参与人数和参与度：统计参与活动的人数和参与度是评估活动效果的重要指标。通过了解参与活动的人数和他们的参与程度，可以判断活动的受欢迎程度和效果。此外，还可以根据参与度数据，分析活动的主题、形式和时间安排是否符合参与者的喜好和需求。这些信息将为优化未来的活动提供重要的参考。

3.分析阅读和分享的数据：通过智慧图书馆的数据分析工具，可以分析阅读和分享活动的数据。这些数据将包括读者的阅读偏好、阅读时间、阅读内容、分享行为等。通过分析这些数据，可以了解读者的阅读需求和兴趣，以便更好地满足他们的需求，同时也可以优化活动的内容和推广策略。例如，如果发现某些类型的书籍或主题的阅读分享活动更受欢迎，那么可以将更多的资源投入到这些活动中。同时，也可以根据分析结果，调整活动的推广策略，以吸引更多潜在的参与者。

4.定期组织评估会议：为了确保活动的持续改进，需要定期组织评估会议。这些会议可以邀请图书馆的领导、活动策划人员、读者代表等相关人员参加。在会议上，可以共同总结过去的经验教训，讨论活动的优点和不足之处，并制定改进措施。通过这样的会议，可以共同为图书馆的智慧化服务和阅读文化的传播作出贡献。此外，还可以在会议上讨论未来的活动计划和目标，以确保始终与图书馆的发展战略保持一致。

通过以上的策划和评估措施，可以不断改进阅读分享活动的内容和形式，提高读者参与度和活动效果。这不仅可以促进图书馆的智慧化服务发展，还可以推动阅读文化的传播，让更多的人爱上阅读。

三、智慧图书馆阅读空间设计及布局优化

随着科技的发展，智慧图书馆的兴起为馆内阅读空间的设计和布局提供了新的可能性。本部分将讨论阅读空间设计的原则与方法研究，智慧图书馆阅读空间的布局与设计案例以及阅读空间设计对读者体验和效果的影响。

（一）阅读空间设计的原则与方法研究

阅读空间的设计是图书馆建设中一个至关重要的环节，它不仅关乎图书馆的整体形象，更直接影响读者的阅读体验。为了给读者提供一个良好的阅读环境和体验，阅读空间设计需要遵循一些原则和方法。阅读空间的设计应优先考虑充足的自然光。自然光是阅读空间的灵魂，它能够提高读者的舒适感和注意力，同时也有助于减轻眼睛的疲劳感。为了达到这一目标，图书馆设计师应充分利用大窗户、天窗和采光井等方式增加自然光的进入。此外，设计师还需要考虑自然光的分布和亮度，以确保每个角落和书架都能均匀地享受到自然光，为读者营造一个明亮、宽敞的阅读环境。舒适的座椅和桌子是阅读空间的重要组成部分。座椅的设计应考虑到读者的不同需求，例如提供靠背可调节的椅子和桌子，以适应不同读者的身体高度和姿势。此外，座椅和桌子的材质也应该符合人体工学原则，以确保读者的姿势更加舒适。此

外，桌子和椅子的高度也需要根据读者的身高进行个性化设计，以满足不同读者的需求。阅读空间的布局也应满足读者不同的需求。为了提供多样化的阅读环境，图书馆可以设置有安静的独立阅读区和群体阅读区。独立阅读区适合那些需要安静和隐私的读者，他们可以在这里专心致志地阅读书籍，不受外界干扰。而群体阅读区则适合读者进行讨论和合作，他们可以在这里分享阅读心得，交流思想。此外，图书馆还可以根据不同的阅读主题或类型设置不同种类的阅读区，如临时休息区、多媒体阅读区等，以满足读者的多样需求。最后，智慧图书馆的阅读空间应充分利用科技的力量。随着科技的不断发展，智能化的设备和服务已经成为图书馆发展的重要趋势。在阅读空间的设计中，图书馆可以引入无线网络、智能照明和温度控制系统等设备，以提高读者的舒适度和便利度。这些设备可以根据读者的需求和时间自动调整照明和温度，为读者提供个性化的阅读环境。此外，图书馆还可以使用智能座位预约系统和自助借还书系统等智能化服务，方便读者使用馆内资源，提高图书馆的运营效率。

（二）智慧图书馆阅读空间的布局与设计案例

智慧图书馆阅读空间的设计不仅需要满足科技的需求，还要考虑人性化的因素，以提供更好的阅读体验。以下是几个设计案例，可以帮助图书馆实现这一目标。

智能座位预约系统是一项非常实用的设计案例。通过手机或电脑预约座位，读者可以事先选择自己心仪的座位，到图书馆后直接就座，避免了浪费时间和座位紧张的问题。同时，这种系统还可以帮助图书馆更好地管理座位资源，提高座位的利用率。例如，系统可以统计座位的使用情况，根据数据分析合理调整座位布局，使得图书馆能够充分利用空间，提供更多的座位供读者使用。

自助借还书系统也是一项非常实用的设计案例。读者可以通过自助设备实现借还书的操作，而无须排队等候在图书馆办理借还手续。只需将图书放置在设备上并扫描图书条码，然后通过验证身份就可以轻松完成借还书的过程。这种系统的优势在于提高了借还书的效率，减少了人工工作量，同时也提供了更加便捷的借还书方式，为读者提供了更好的服务。

智能照明和温度控制系统也可以为智慧图书馆的阅读空间带来舒适的环境。通过感应器和自动调节装置，系统可以根据读者的需求和环境状况，智能地调整光照和温度。比如，在白天阳光充足的时候，系统可以自动降低室内的灯光亮度，提供更加自然的光照环境；而在阅读人数较多时，系统可以自动调整室内的温度，保持舒适的阅读环境。这样不仅可以提高读者的体验和效果，还能节约能源，实现绿色环保的目标。

无线网络和多媒体设备的设置也是智慧图书馆的重要组成部分。无线网络的安装可以为读者提供便捷的网络连接，使得他们可以随时随地通过自己的设备获取和分享信息，进行学术研究和学习。同时，图书馆还可以提供多媒体设备，如电脑、平板和投影仪，方便读者进行多媒体阅读和学习。例如，读者可以使用图书馆提供的设备观看在线讲座、参与视频会议或进行跨文化交流。这样不仅丰富了读者的阅读方式，还可以进一步发挥图书馆学术和文化中心的角色。

（三）阅读空间设计对读者体验和效果的影响

阅读空间设计对于读者的阅读体验和阅读效果的影响是不可忽视的。一个优秀的阅读空间设计，不仅能够提供一个舒适和宜人的阅读环境，还能够满足读者不同的需求，提高读者的便利性和效率，从而提升读者的阅读体验和阅读效果。良好的阅读空间设计能够提供舒适和宜人的阅读环境。在阅读空间的设计中，自然光、舒适的座椅和桌子以及适宜的温度和照明都是非常重要的因素。自然光能够提供明亮而柔和的光，让读者在阅读的过程中不会感到眼睛疲劳。舒适的座椅和桌子则是保证读者在阅读过程中能够保持良好的姿势，减少身体疲劳。适宜的温度照明则能够提高读者的舒适感，使他们更容易集中注意力和保持长时间的阅读。良好的阅读环境能够使读者在阅读过程中保持良好的心态，提高阅读效率。合理的阅读空间布局还能够满足读者不同的需求。在阅读空间的设计中，可以根据读者的需求设置不同的阅读区域。例如，独立阅读区可以提供安静和私密的环境，适合那些需要集中精力的读者。在这样的环境下，读者可以避免外界的干扰，全身心地投入到阅读中。群体阅读区则可以促进读者之间的讨论、交流和合作。在这样的环境下，读者可以相互交流思想，共同解决问题，从而提高阅读效果。通过设置不同类型的阅读区，可以满足读者的多样需求，提高他们的使用率和满意度。另外，智慧图书馆的阅读空间设计能够提高读者的便利性和效率。在智慧图书馆中，座位预约系统和自助借还书系统等智能设备可以方便读者的使用，减少排队和等待时间。读者可以根据自己的需求提前预约座位，从而避免到了图书馆却找不到座位的情况。自助借还书系统则可以节省读者在借还书过程中所花费的时间。此外，无线网络和多媒体设备也是智慧图书馆的重要组成部分。通过无线网络，读者可以随时随地获取丰富的信息和资源，提高阅读效果。多媒体设备则可以提供更多的研究资源，方便读者获取和分享信息。然而，在现实中的阅读空间设计并非尽善尽美，还存在一些问题和挑战。例如，一些图书馆的阅读空间设计过于单调，缺乏特色，无法激发读者的阅读兴趣。另外，一些图书馆的阅读空间布局不合理，导致读者在使用过程中出现拥挤、混乱等情况，影响了读者的阅读体验。因此，在设计阅读空间时，应当注重创新和优化，以提高读者的阅读体验和阅读效果。

第五章

智慧图书馆阅读推广服务技术应用

一、大数据技术在阅读推广中的应用

（一）大数据分析在阅读需求预测中的应用

在当今信息化社会，大数据分析已经成为各行各业发展的助推器。在智慧图书馆的建设与发展过程中，大数据分析更是发挥了举足轻重的作用。智慧图书馆是现代图书馆发展的新阶段，其核心是利用现代信息技术提高图书馆的服务质量和效率。大数据分析作为一种强有力的工具，在智慧图书馆的阅读需求预测中发挥着重要作用。通过对大量的读者行为数据、借阅记录、浏览历史等信息进行深度挖掘和分析，大数据技术能够揭示读者的阅读偏好和趋势，从而帮助图书馆管理员提前预测和准备相应的阅读资源，以满足读者的需求。在传统的图书馆管理模式中，图书馆管理员通常通过观察借阅排行榜、读者咨询情况等手段来了解读者的阅读需求。然而，这些手段往往具有一定的滞后性，且无法提供详尽、精确的数据支持。随着大数据技术的发展，图书馆管理员可以收集和分析更加丰富、全面的数据资源，从而更加准确地把握读者的阅读需求。例如，利用大数据分析，可以发现某些书籍或主题在特定时间段内的借阅量显著增加，图书馆就可以据此提前采购更多相关书籍，或者举办相关主题的阅读活动，以满足读者的需求。此外，大数据分析还能帮助图书馆发现潜在的阅读需求。通过对海量数据的挖掘和分析，大数据技术能够发现一些隐藏的规律和趋势，从而为图书馆提供有针对性的服务。例如，大数据分析可能会揭示某一部分读者对某个特定领域的研究有较高的兴趣，图书馆就可以针对这一需求，主动为读者提供相关的资源和服务。同时，大数据分析还能帮助图书馆了解读者的阅读行为和习惯，从而为图书馆的资源建设、服务优化和读者引导提供有力的数据支持。

在实际应用中，大数据分析智慧图书馆的阅读需求预测中具有以下几点优势：

第一，大数据分析的智慧之处体现在其高效性上。在传统的手工方式中，数据处理往往需要大量的人力和时间，而这种低效的处理方式在面对海量的数据时显得力不从心。然而，大数据技术的出现改变了这一现状。

它能够迅速地对海量数据进行挖掘和分析，将原本耗时的任务在短时间内完成，大大提高了工作效率。更为重要的是，大数据技术能够为图书馆提供实时、准确的数据支持，使得图书馆在瞬息万变的信息环境中能够紧跟时代步伐，及时调整服务策略，满足读者需求。

第二，大数据分析的智慧之处还体现在其精确性上。相较于传统的手工方式，大数据技术能够处理和分析更多的数据，从而发现一些微小的变化和趋势。这些看似微不足道的变化，在阅读需求预测中却具有极高的价值。通过对这些变化的深入挖掘和分析，大数据技术能够为图书馆提供更精确的预测结果，帮助图书馆更准确地把握读者的阅读需求，提高服务质量和满意度。

第三，大数据分析的智慧之处还体现在其全面性上。大数据技术具有强大的数据收集和处理能力，可以覆盖不同渠道、不同数据。这意味着，图书馆可以利用大数据技术全面了解和分析读者的阅读行为、喜好、需求等信息，从而为读者提供更加丰富和个性化的服务。此外，大数据技术还能够帮助图书馆挖掘和利用各类资源，如电子书籍、纸质书籍、在线课程等，实现资源的最大化利用，提升图书馆的整体服务效率。

第四，大数据分析的智慧之处体现在其动态性上。大数据技术可以实时跟踪和监测数据的变化，为图书馆提供持续、动态的数据支持。在阅读需求预测方面，这意味着图书馆可以根据实时数据调整服务内容和策略，确保服务的针对性和有效性。同时，动态的数据支持也有助于图书馆及时发现和解决潜在问题，如资源不足、服务不到位等，从而提升图书馆的整体运营水平。

（二）大数据技术在个性化推荐中的应用案例

数据技术在个性化推荐中的应用案例是智慧图书馆提升读者阅读体验的重要手段。通过深入挖掘读者的阅读习惯、兴趣偏好、借阅历史等数据，大数据技术可以实现更加精准的个性化推荐服务。一些图书馆引入了基于人数据的推荐系统，该系统会根据读者的历史阅读记录和评价以及当前的流行趋势，推荐读者可能感兴趣的书籍或文章。这种推荐不仅限于图书馆内部的资源，还可以包括网络上的公开资源，大大拓宽了读者的阅读视野。通过分析数据，推荐系统可以了解读者的阅读喜好和倾向，并给出最符合他们兴趣的推荐，从而提高读者的满意度和体验。除了推荐书籍和文章，一些图书馆还利用大数据分析来定制读者的阅读计划。图书馆通过分析读者的研究方向、领域偏好以及相关论文的最新动向，可以每天向读者推荐一篇与其研究方向相关的最新论文。这样的定制化服务有效地提供了读者所需的信息，并帮助他们保持与领域前沿的联系。大数据技术在个性化推荐中的应用不仅提供了更多的阅读选择，也使读者的阅读体验更加便捷和高效。通过推荐系统，读者可以省去搜索的烦琐过程，直接获得感兴趣的书籍和文章，节省了宝贵的时间。同时，基于大数据的个性化推荐可以帮助读者发现他们未曾考虑过的新领域和作者，拓宽了他们的视野和知识面。个性化推荐服务对于图书馆也具有重要意义。通过给用户提供精准推荐的服务，图书馆可以增强与读者的互动和沟通，加深对用户需求的了解。通过借助大数据技术，图书馆可以对读者的行为和反馈进行分析，掌握他们的兴趣爱好和需求，从而进一步提升图书馆的服务水平和满意度。然而，在实现大数据技术的个性化推荐中，也存在一些挑战和难点。首先，大数据的处理需要大量的计算和存储资源，图书馆需要投入相应的人力和物力来支持系统的运行和维护。其次，个性化推荐系统的性能和准确性需要不断地优化和改进，否则可能引发用户对推荐结果的不满和疑虑。再次，数据的隐私和安全也是一个需要重视的问题，图书馆需要确保使用读者信息时的合规性。为了应对这些挑战，图书馆可以通过加强对大数据技术的研究和应用，不断提高个性化推荐系统的安全性和准确性。同时，图书馆也需要加强对读者隐私和数据安全的保护，确保其个人信息不被滥用和泄露。

（三）大数据技术对阅读推广服务的影响与挑战

大数据技术对阅读推广服务带来了诸多积极的影响，但同时也伴随着一些挑战。从正面影响来看，大数据技术提高了阅读推广服务的针对性和效率。在传统阅读推广服务中，图书馆往往根据自身馆藏和读者的一般需求来组织活动，这种模式在一定程度上限制了服务的精准性和个性化。然而，借助大数据技术，图书馆可以对读者的阅读习惯、喜好、需求等进行精确的分析，从而更了解读者的真实需求，提供更加贴心的服务。例如，通过分析读者借阅记录，图书馆可以为特定读者推荐符合其兴趣和需求的书籍；通过分析读者在线浏览行为，图书馆可以为读者提供更加个性化的阅读推荐。这样不仅能够提升读者的阅读体验，还能够提高读者的满意度和忠诚度。大数据技术还能帮助图书馆评估阅读推广活动的效果，不断优化服务内容和形式。在过去，图书馆往往难以准确评估阅读推广活动的实际效果，这使得活动组织者难以对活动有针对性地改进。然而，借助大数据技术，图书馆可以对阅读推广活动的参与度、读者反馈、实际效果等进行实时跟踪和分析，从而准确评估活动的效果。例如，通过分析活动参与数据，图书馆可以了解哪些类型的活动更受读者欢迎，从而在今后组织活动时更加注重这类活动；通过分析读者反馈数据，图书馆可以了解读者对活动的评价和意见，从而可以改进活动。这样，图书馆能够不断提高阅读推广活动的质量，更好地满足读者的需求。

大数据技术在阅读推广服务中应用的同时也带来了一些挑战。大数据分析需要专业的技术和人才支持。大数据技术涉及数据的收集、处理、分析等多个环节，这要求图书馆拥有相应的技术设备和专业人才。然而，对于一些小型图书馆来说，可能并没有足够的资金和资源去寻找数据分析师和相关的技术工具，这使这些图书馆在阅读推广服务中难以充分利用大数据技术的优势。大数据使用过程中隐私保护问题也不容忽视。在阅读推广服务中，图书馆需要收集和分析读者的个人信息，如借阅记录、阅读行为等。这些信息的收集和使用必须遵守相关法律法规，确保读者的个人信息不被泄露。然而，在大数据时代，数据量庞大且信息传播迅速，保护读者隐私变得更加困难。一旦读者个人信息泄露，可能会对读者造成不良影响，甚至引发法律纠纷。因此，图书馆在大数据使用过程中必须重视读者隐私保护问题，采取有效措施确保读者信息的安全。针对这些挑战，图书馆需要采取一系列应对措施。在技术层面，图书馆可以寻求与专业大数据公司合作，共同开展阅读推广服务。这样可以降低图书馆在技术和人才方面的投入，同时提高阅读推广服务的质量和效果。在管理层面，图书馆需要完善相关制度，确保在收集和使用读者数据时遵守法律法规，保护读者隐私。同时，图书馆还可以加强对读者的宣传教育，让读者了解大数据技术在阅读推广服务中的应用，提高读者的信息素养和自我保护意识。

二、人工智能技术在阅读推广中的应用

智慧图书馆是利用先进的信息技术和人工智能技术搭建起来的现代化图书馆，旨在提供更加智能化、高效化的服务，满足读者的阅读需求。人工智能技术作为智慧图书馆的核心技术之一，在阅读推广中发挥着重要的作用。

（一）智能对话系统在图书推荐中的应用

在当今信息化社会，智能对话系统作为一种新兴的人工智能技术，已经广泛应用于各个领域，其中也包括图书推荐。智能对话系统，顾名思义，是一种能够与用户进行智能对话的系统，它利用了自然语言处理和机器学习等人工智能技术，能够识别和理解用户的需求和偏好，为用户提供个性化的服务。在智慧图书馆中，智能对话系统的应用就显得尤为重要，它能够通过分析用户的兴趣爱好、阅读记录等信息，为用户提供个性化的图书推荐服务，从而提高读者的阅读体验。首先，智能对话系统能够通过与用户的对话，深入了解用户的阅读习惯和兴趣爱好。通过分析用户的阅读记录、搜索历史、评论反馈等信息，智能对话系统可以建立用户的个性化档案，了解用户的阅读口味和偏好。这样，智能对话系统就能够根据用户的喜好和需求，为用户推荐符合其阅读兴趣的图书。不仅如此，智能对

话系统还能够利用机器学习技术，根据用户的反馈和点击行为，不断优化图书推荐结果。通过对大量用户数据进行学习和分析，智能对话系统能够逐步提升推荐精度，更好地满足用户的阅读需求。这种持续优化的过程，使智能对话系统能够为用户提供更加精准、个性化的图书推荐服务。智能对话系统还可以通过自然语言处理技术，为用户提供更加人性化的图书推荐服务。在与用户的对话过程中，智能对话系统能够理解用户的情感和意图，根据用户的情绪和需求，为用户提供更加贴心的图书推荐。例如，当用户表达出对某类题材的图书感兴趣时，智能对话系统可以进一步推荐相关的作品或作者，帮助用户更全面地了解该类题材的图书。在智慧图书馆中，智能对话系统的应用不仅仅局限于图书推荐，它还可以与其他服务相结合，为用户提供更加便捷的阅读体验。例如，智能对话系统可以与图书馆的数字化服务相结合，如电子书借阅、在线阅读平台等，为用户提供更加便捷的阅读方式。通过智能对话系统，用户可以轻松地查询图书馆的藏书信息、预约借书、获取图书推荐等，享受到更加智能化、个性化的服务。此外，智能对话系统还可以与其他社交媒体平台合作，实现跨平台的图书推荐。通过分析用户的社交媒体行为和互动数据，智能对话系统可以进一步了解用户的阅读兴趣和社交圈层文化，从而为用户提供更加精准的图书推荐。这种跨平台的合作方式，不仅可以提高图书推荐的精度和广度，还可以增强用户对图书馆的黏性和忠诚度。

（二）人工智能技术在导读服务中的运用

作为信息资源的集散地，图书馆在引导读者有效利用这些资源方面承担着不可或缺的角色。导读服务，作为图书馆服务的核心组成部分，其目的在于辅助读者快速准确地定位所需信息，激发读者的阅读兴趣，提升其信息素养。随着人工智能技术的飞速发展，这一技术已成为导读服务创新的重要推动力。人工智能（AI）包括机器学习、自然语言处理、计算机视觉和语音识别等多个领域，其强大的数据处理和分析能力为图书馆导读服务提供了新的发展机遇。首先，计算机视觉技术，尤其是图像识别技术，在图书馆导读服务中的应用日益广泛。通过在图书馆安装摄像头和其他图像采集设备，可以实时捕捉读者在图书馆内的行为和需求。例如，当读者面对书架犹豫不决时，系统可以通过识别读者的面部表情和行为模式，推断出读者的困惑所在，并主动提供相应的导读书目推荐。此外，图像识别技术还可以识别读者手中持有的书籍，即时提供相关书籍的详细信息和阅读指导。其次，语音识别技术是提升图书馆导读服务互动性的关键。读者在检索图书或了解相关信息时，往往需要解放双手进行操作。通过部署语音识别系统，读者可以简单地通过语音命令来检索图书、查询信息或获得导航指引。这种服务方式对于携带大量书籍或物品的读者尤为便利。同时，对于那些不熟悉图书馆电子系统的老年读者或视障读者，语音识别技术可以大幅提高他们的图书馆使用体验。自然语言处理（NLP）技术在图书馆导读服务中的应用主要体现在图书推荐和智能问答系统方面。通过分析读者的检索历史、阅读评论和社交网络活动等数据，人工智能可以构建读者兴趣模型，从而提供更加精准的图书推荐。智能问答系统则可以理解读者提出的自然语言问题，并给出恰当的答案。例如，读者询问："最近有什么好看的历史小说？"系统不仅能理解问题，还能根据当前流行趋势和历史小说分类知识库，推荐最新的历史小说。此外，人工智能技术在图书馆的数字化进程中发挥着至关重要的作用。随着数字图书馆的发展，大量的纸质书籍和期刊被数字化，存储在云端供全球读者访问。人工智能可以帮助图书馆管理者对海量数字资源进行分类、标签和索引，从而提高资源的检索效率。同时，AI 还能通过分析读者的在线阅读行为，为读者提供人性化的阅读计划和提醒服务。人工智能技术在提高图书馆导读服务质量的同时，也带来了数据安全和隐私保护的问题。图书馆在利用 AI 技术为读者提供服务时，必须确保读者的个人信息安全，遵守相关的法律法规，维护读者的合法权益。

（三）人工智能技术对智慧图书馆阅读推广的影响分析

随着人工智能技术的快速发展，其在智慧图书馆中的应用也越来越广泛。智慧图书馆是利用先进的技术手段，通过智能化的管理方式，为读者提供更加高效、便捷、个性化的阅读服务。而人工智能技术的应用，无疑对智慧图书馆的阅读推广具有积极的影响。第一，人工智能技术能够帮助智慧图书馆实现个性化推荐，提高图书馆的图书借阅率和阅读者的满意度。传统的图书推荐方式往往是基于图书分类或者图书目录，这种方式缺乏个性化和针对性，往往不能满足读者的需求。而通过人工智能技术的分析，智慧图书馆可以根据读者的兴趣爱好、阅读历史、借阅记录等数据，为读者提供个性化的图书推荐服务。这样的推荐服务不仅可以增加读者对图书馆的兴趣和需求，也可以提高图书的借阅率。同时，通过不断对数据进行分析和挖掘，智慧图书馆还可以不断优化推荐算法，提高推荐准确度和精度，进一步提升读者的满意度。第二，人工智能技术可以通过智慧图书馆的系统和设备提供更加智能化的导读服务，为读者提供更好的阅读体验。传统的导读服务往往是基于人工的方式，效率低下且容易出现错误。而智慧图书馆中的智能对话系统、语音识别技术等人工智能技术的应用，使得导读服务变得更加智能化、便捷化。读者可以通过语音交互、自然语言理解等方式，快速获取图书馆的导读信息，无需人工干预。这种智能化导读服务不仅可以节省读者的时间和精力，还可以提供更加优质、高效的阅读体验。第三，人工智能技术能够帮助智慧图书馆进行数据分析和挖掘，为图书馆提供决策支持。智慧图书馆通过对读者的阅读行为、偏好、借阅历史等数据的分析，可以了解读者的需求和趋势，从而调整图书馆的藏书选择、图书推荐策略、阅读推广方式等。通过对这些数据的挖掘和分析，智慧图书馆可以为读者提供更加符合其需求的服务，从而提高服务质量、优化资源利用。此外，通过数据分析还可以发现潜在的读者群体和市场机会，为图书馆的长远发展提供有力支持。第四，人工智能技术在智慧图书馆中的应用还可以实现自动化管理、智能排架、智能检索等功能，提高图书馆的管理效率和服务质量。例如，通过自动化管理系统可以实现图书的自动入库、出库、盘点等功能，节省人力成本；智能排架可以根据图书的出版时间、作者、主题等信息进行自动排序，方便读者检索和借阅；智能检索可以实现关键词检索、全文检索等功能，提高检索效率和质量。

三、虚拟现实技术在阅读推广中的应用

近年来，虚拟现实技术在各个领域得到了广泛的应用，包括娱乐、教育、医疗等。智慧图书馆作为图书馆的新形态，也可以借助虚拟现实技术来提升阅读体验和推广阅读服务。

（一）虚拟现实技术在阅读体验中的创新应用

在当今数字化时代，虚拟现实（VR）技术以其独特的交互方式和沉

浸式的体验，正在改变着人们的阅读方式和阅读体验。这种创新技术如何让阅读活动变得更加生动有趣，如何激发读者的阅读兴趣，已成为当前研究和实践的热点问题。首先，虚拟现实技术能够为读者打造一个身临其境般的阅读空间。传统的阅读方式主要依赖于纸质图书或电子屏幕，而虚拟现实技术则通过头戴式显示器（HMD）、手柄等设备，使读者仿佛置身于一个真实的图书馆或阅读环境中。这种沉浸式体验不仅能够让读者更加专注地投入到阅读内容中，还能够增强读者的阅读兴趣和记忆效果。在虚拟的图书馆环境中，读者可以自由地选择书籍，翻阅书页，甚至可以感受到纸张的质地和书香。这种真实感十足的阅读体验，无疑让阅读活动变得更加有趣和生动。此外，虚拟现实技术还可以通过 3D 模型展示图书馆的建筑和藏书情况，让读者在阅读的过程中，能够更好地了解图书馆的历史和文化底蕴，感受到真实图书馆的氛围。虚拟现实技术还可以通过增强现实（AR）技术来辅助阅读。读者只需通过智能眼镜或手机应用程序扫描封面或书页上的特定标识，就能在虚拟现实中展示与之相关的多媒体信息，如视频、音频、图片等。这种方式不仅能够丰富读者的阅读方式，还能够帮助读者更好地理解和记忆阅读内容。例如，在阅读一本关于古埃及历史的书籍时，读者可以通过扫描书中的图片或文字，观看与之相关的视频或音频资料，深入了解古埃及的历史、文化和社会生活。这样一来，读者不仅可以通过阅读文字了解内容，还能通过视听等多种方式来深入理解书籍，提高阅读的效果和体验。虚拟现实技术还可以模拟各种阅读环境，为读者提供更加个性化的阅读体验。无论是喜欢安静的图书馆环境，还是喜欢嘈杂的咖啡厅氛围，或者是喜欢在户外大自然中阅读，虚拟现实技术都可以根据读者的喜好和需求，模拟出不同的环境和场景，让读者在舒适的环境中享受阅读的乐趣。例如，对于喜欢在安静环境中阅读的读者来说，虚拟现实技术可以模拟出一个宁静的图书馆环境，让读者在没有任何干扰的情况下阅读。而对于喜欢在咖啡厅中阅读的读者来说，虚拟现实技术可以模拟出一个繁华的咖啡厅环境，让读者在轻松愉快的氛围中阅读。此外，对于喜欢在户外阅读的读者来说，虚拟现实技术可以模拟出各种户外环境，如公园、海滩、山林等，让读者在自然的美景中享受阅读的乐趣。最后，虚拟现实技术还可以为读者提供更加丰富和多样的阅读资源。通过虚拟现实技术，读者可以访问到海量的数字资源，阅读到各种类型的电子书籍、期刊、论文等。此外，虚拟现实技术还可以为读者提供与作者互动的机会，让读者能够直接向作者提问、交流，获得更多的信息和启发。

（二）虚拟现实技术在阅读空间设计中的应用案例

虚拟现实技术在阅读空间设计中的应用可以极大地提升图书馆的功能和吸引力。在智慧图书馆的空间设计中，虚拟现实技术可以被广泛应用。

通过虚拟现实技术，图书馆可以为读者打造一个全新的阅读空间，使其能够在虚拟环境中随意翻阅和阅读图书。通过智能手柄、手势识别等设备，读者可以模拟在纸质书籍中翻阅与批注的行为。这使得阅读过程更加真实，并且读者可以更加自由地选择阅读的方式。在虚拟环境中，读者可以使用手势来翻动书页，也可以使用手柄上的按钮来进行标注。这样的互动性不仅提升了阅读的体验感，还使得读者能够更加主动地参与到阅读过程中。虚拟现实技术也可以创造出一个立体、生动的图书馆空间。通过虚拟现实技术，读者可以在图书馆的 3D 模型中漫游，浏览图书馆的各个角落，并通过头戴式显示器来触碰和操作展示在前方的书籍。这样的设计不仅提供了更加真实的感受，还能够使读者更加快速地定位到自己所需的书籍。另外，虚拟现实还可以为图书馆的藏书提供可视化的展示，使读者能够更方便地查找所需书籍。通过在虚拟环境中展示图书的封面和摘要，读者可以更加直观地了解书籍的内容，并能够更快地决定是否阅读。此外，虚拟现实技术还可以通过增强现实技术来改善图书馆的导航和定位功能。通过智能眼镜或手机应用程序，读者可以实时获得自己所处的位置和所需书籍的位置提示，并且会以箭头或者文字的形式展示在读者眼前。这样的设计可以让读者更加迅速地找到所需书籍，节省了时间和精力。另外，在寻找书籍的过程中，虚拟现实技术还可以为读者提供相关书籍的信息和推荐，让读者能够更全面地了解和选择书籍。这种创新的空间设计不仅能提高读者的阅读效率，还能为图书馆带来更多的访客。虚拟现实技术为图书馆创造了一个互动性和多样性的阅读环境，以吸引更多的读者。通过在虚拟现实环境中展示图书馆的资源和服务，读者可以更加直观地了解图书馆的功能和特色，激发他们对图书馆的兴趣。同时，虚拟现实技术还可以与其他技术结合，例如人工智能和大数据分析，为读者提供更个性化和精准的阅读推荐，进一步提升了图书馆的吸引力和用户体验。

（三）虚拟现实技术对阅读推广服务的可行性研究

在现代科技飞速发展的背景下，虚拟现实技术逐渐成为各个领域关注的焦点。在智慧图书馆的阅读推广服务中，虚拟现实技术具有巨大的应用潜力。虚拟现实技术可以为图书馆提供更多元化的阅读方式，从而吸引更多读者。在传统图书馆中，读者主要以文字、图片等形式获取知识，这种方式在一定程度上限制了读者的阅读体验。而虚拟现实技术可以突破这些限制，为读者带来更加丰富、立体的阅读体验。例如，通过虚拟现实技术，图书馆可以将抽象的知识以游戏化的形式呈现，从而吸引年轻读者的兴趣和参与度。此外，虚拟现实技术还可以实现读者与图书内容的互动，让读者在阅读过程中产生身临其境的感觉，提高阅读的趣味性。虚拟现实技术可以为图书馆推广阅读活动提供更多选择和便利。在过去，图书馆举办阅读活动往往受限于场地、时间等因素，导致部分读者无法参加。而通过虚拟现实技术，图书馆可以举办在线阅读会议、讲座等活动，使读者可以在不同地点和时间参与，提供了更大的交互性和灵活性。这不仅有助于扩大阅读活动的受众范围，还可以提高活动的参与度。同时，虚拟现实还可以帮助图书馆搭建起与读者之间的沟通桥梁，促进读者之间的交流与分享，形成良好的阅读氛围。虚拟现实技术还可以提高图书馆的服务效率。在传统图书馆中，读者在寻找资料、咨询问题时往往需要花费较多时间。而通过虚拟现实技术，读者可以在线咨询图书馆员工，获得对于阅读的专业指导和建议，从而提高阅读的质量和效果。同时，图书馆也可以通过虚拟现实技术来记录和分析读者的阅读行为和偏好，以便根据读者的需求来优化图书馆的服务。此外，虚拟现实技术还可以实现智能推荐功能，根据读者的兴趣和阅读历史为读者推荐合适的图书，提高读者的阅读体验。然而，虚拟现实技术在阅读推广服务中的运用也面临一定的挑战。虚拟现实设备的普及程度、技术成熟度、用户体验等方面都需要不断改进。此外，图书馆在运用虚拟现实技术时，也需要注重保护读者的隐私和信息安全。

第六章

智慧图书馆阅读推广服务组织与人才建设

一、智慧图书馆阅读推广服务团队的组织架构与职责分工

（一）智慧图书馆阅读推广服务团队的组织架构搭建

为了确保高效的阅读推广服务，智慧图书馆阅读推广服务团队应该采用扁平化管理模式，并建立灵活高效的组织架构。这个组织架构主要包括管理层、业务层和执行层三个层次。在管理层，团队应该设立负责人和副负责人两个角色。团队负责人是整个团队的核心领导者，负责制定阅读推广服务的整体战略和规划，监督团队的运作，并协调资源的分配。副负责人主要是协助团队负责人，分担其工作压力，同时也需要熟悉团队的工作内容和流程。在业务层，团队应该创建几个不同的业务小组，以便分工协作、高效运作。这些业务小组可以包括线上推广小组、线下活动小组、资

源建设小组等。每个小组负责特定领域的业务工作。线上推广小组负责策划和执行在线阅读推广活动，如推送阅读推荐、开展线上读书分享等。线下活动小组则负责组织和实施各类阅读推广活动，如书展、讲座、读书会等。资源建设小组负责开发和建设阅读资源，如整理出版物、购买图书等。每个小组都应该有一名组长，负责组织协调小组成员的工作。在执行层，智慧图书馆阅读推广服务团队可以依赖志愿者或实习生来完成具体的推广任务。志愿者或实习生可以通过申请加入团队，并经过面试和培训来确保他们具备相关知识和能力。执行层成员将负责具体的执行工作，如活动现场管理、读者咨询、资源配送等。他们将在业务层的指导下，按照团队负责人和业务小组的安排，完成相应的任务。这样的组织架构可以有效提高团队的工作效率和协作效果。扁平化管理模式可以减少决策层次，提高决策的速度和准确性。业务小组的设置可以使得团队成员在特定领域内专注并发挥自己的优势。执行层的志愿者或实习生可以增加团队的人力资源，并带来新鲜的思路和创意。这样的组织架构可以促进团队成员之间的相互合作和学习，共同推进智慧图书馆阅读推广服务的发展。为了保证团队的管理和协作顺利进行，团队负责人和业务小组的组长应该具备良好的领导能力和沟通能力。他们应该能够有效地与团队成员沟通、协调工作，并给予必要的指导和支持。另外，团队成员也应该具备积极的工作态度和职业精神，愿意投入阅读推广服务中，为读者提供优质的服务和体验。

（二）智慧图书馆阅读推广服务团队的构建与运作

在智慧图书馆的建设与发展过程中，阅读推广服务团队扮演着举足轻重的角色。为了更好地实现阅读推广服务的目标，团队中各个成员的职责与工作流程分工需要明确、合理。以下是对各成员职责与工作流程分工的详细解读：

1.团队负责人：团队负责人在整个阅读推广服务团队中起着核心领导作用，负责制定阅读推广服务的整体战略和规划，确保团队的发展方向与目标与智慧图书馆的发展战略相一致。此外，负责人需要监督团队运行，对团队的工作进度进行有效把控，确保各项任务的顺利完成。在资源分配方面，负责人需要充分考虑团队成员的需求，合理调配资源，以实现团队的高效运作。同时，负责人还要关注团队成员的成长和发展，通过提供培训等支持，帮助团队成员提升自身能力，从而提高整个团队的综合素质。在此基础上，负责人还需营造良好的团队氛围，使团队成员在轻松、愉快的环境中开展工作，增强团队的凝聚力。

2.团队副负责人：副负责人在团队中起辅助作用，协助团队负责人开展工作，共同推动阅读推广服务的发展。副负责人需要负责部分专项工作，如培训、项目策划等，确保这些工作顺利进行，并为整个团队提供有力支持。在团队负责人缺席或繁忙时，副负责人还需承担一定的领导职责，确保团队正常运作。此外，副负责人还需密切关注团队成员的工作状态和成长需求，为团队成员提供必要的帮助和指导。

3. 线上推广小组：在互联网高速发展的背景下，线上推广成为智慧图书馆阅读推广服务的重要组成部分。线上推广小组负责智慧图书馆的线上推广工作，包括网站、社交媒体、邮件等平台的宣传和推广。为实现良好的推广效果，小组成员需要充分利用各类平台，制定合适的推广策略，如内容策划、广告投放、活动组织等。同时，小组成员还需对线上推广效果进行监测和分析，不断优化推广手段，提高推广效果。在此基础上，小组成员还需要与其他业务小组保持密切沟通，协同推进阅读推广服务的全面发展。

4. 线下活动小组：线下活动是智慧图书馆阅读推广服务的另一个重要组成部分。线下活动小组负责组织各类阅读推广活动，如读书会、讲座、朗诵比赛等。在活动策划阶段，小组成员需根据目标受众和市场需求，设计具有吸引力和影响力的活动方案。在活动筹备阶段，小组成员需协调各方资源，确保活动所需场地、设备、物资等准备充分。在活动进行阶段，小组成员需要进行现场管理，确保活动顺利进行。活动结束后，小组成员还要对活动效果进行总结和评估，为今后类似活动的举办提供借鉴。

5.资源建设小组：阅读资源是智慧图书馆的核心竞争力。资源建设小组负责阅读资源的收集、整理和推荐，包括电子资源、网络资源等。小组成员需充分利用各类渠道，广泛收集各类阅读资源，并对资源进行分类、整理，以便于读者检索和利用。此外，小组成员还需根据读者需求和市场动态，定期更新阅读资源，确保资源的时效性。在资源推荐方面，小组成员需要结合读者喜好和需求，向读者推荐合适的阅读资源，提高读者的阅读体验。

6.执行层成员：执行层成员是阅读推广服务团队的基石，负责具体执行各业务小组的任务。根据各业务小组的分工，执行层成员需要承担活动现场管理、读者咨询、资源配送等具体工作。为确保任务的顺利完成，执行层成员应与其他成员保持良好沟通，及时反馈工作进展和问题，寻求支持与帮助。同时，执行层成员还需要不断提升自身能力，为团队的发展贡献自己的力量。

（三）智慧图书馆阅读推广服务团队的管理与协作机制建设

在当今信息爆炸的时代，阅读推广服务的重要性日益凸显。为了确保智慧图书馆阅读推广服务团队的高效运行，需要建立完善的管理与协作机制。

1.制定明确的规章制度和工作流程：首先，规章制度和工作流程的制定是团队管理的基础。这包括明确团队成员的职责、工作要求、考核标准等，确保团队成员明确自己的职责和工作流程。同时，规章制度和工作流程需要随着服务内容和方式的改变而不断调整，以适应新的需求和挑战。为了确保团队成员之间的沟通畅通，工作流程的衔接顺畅，需要明确每个环节的工作内容和时间节点，确保团队成员能够按照既定的时间表完成工作。此外，规章制度和工作流程的制定也需要考虑如何激励团队成员的积极性和创造力，以推动服务质量和效果的提升。

2. 建立定期的团队会议制度：定期的团队会议是加强成员之间的沟通与协作、及时解决问题的重要方式。会议内容可以包括分享工作经验、讨论服务项目、研究读者需求和反馈等。通过定期的团队会议，可以加强成员之间的信任和合作关系，及时解决工作中出现的问题，提高团队的整体效能。

3. 注重团队成员的培训和发展：智慧图书馆阅读推广服务团队成员的专业技能和综合素质对于服务质量和效果有着深远的影响。因此，建立完善的培训和发展机制至关重要。这包括提供足够的支持和资源，如培训课程、专业书籍、在线学习平台等，帮助团队成员提高专业技能和综合素质。此外，鼓励团队成员参加行业交流活动和学术研讨会，以拓宽视野、了解行业最新动态，提高自身的竞争力。

4.建立有效的激励机制：有效的激励机制可以激发团队成员的积极性和创造力，提高他们的工作热情和投入度。激励机制可以包括优秀项目奖励、优秀个人表彰、晋升机会等。通过这些激励措施，可以鼓励团队成员不断创新、提高服务质量，同时也可以增强团队的凝聚力和向心力。此外，对于表现突出的团队成员，可以给予额外的支持和资源，如提供更多的培训机会、推荐参与更高级别的项目等，以帮助他们实现个人职业发展。

5.加强与其他图书馆、出版社、文化机构等的合作：智慧图书馆阅读推广服务需要与多个机构合作，共同开展阅读推广活动，实现资源共享和优势互补。因此，建立与其他图书馆、出版社、文化机构等的合作关系至关重要。通过合作，可以共同策划和实施各种阅读推广活动，如读书会、讲座、展览等，以满足不同读者的需求。此外，合作还可以促进信息共享和技术交流，提高整个行业的服务水平和质量。

6.建立完善的反馈机制：为了不断优化服务内容和方式、提高读者满意度，建立完善的反馈机制至关重要。反馈机制包括收集和分析读者需求和反馈、定期调查、线上问卷调查等。通过这些反馈渠道，可以了解读者的需求和偏好，及时调整服务内容和方式，以满足读者的期望和需求。此外，反馈机制还可以帮助团队发现工作中的不足和问题，及时采取改进措施，提高服务质量。在反馈机制的实施过程中，需要尊重读者的隐私权和其他权益，确保反馈渠道的可靠性和有效性。

二、智慧图书馆阅读推广服务团队的人才培养与激励机制

（一）人才培养与培训计划的制定与实施

为了保持智慧图书馆阅读推广服务团队的发展和专业水平的提升，人才培养和培训计划的制定和实施变得非常重要。这个计划需要根据每个团队成员的实际情况和需求，制定出最适合他们的培训内容。首先，培训内容应该涵盖阅读推广的基本理论、方法、技巧和案例分析等方面。通过提供这些基础知识和实践经验，可以帮助团队成员提高他们的专业素养和技能水平。例如，他们应该学习如何设计创新的阅读推广活动，如何吸引更多的读者参与其中，如何更好地了解读者的需求，等等。这些培训内容可以通过专业培训师或相关领域的专家来进行教授，以确保培训的质量和可靠性。培训计划还应该提供多样化的培训形式，以满足不同团队成员的学习需求和偏好。比如，一些成员可能更喜欢在线培训，这样他们可以在自己的时间和空间内学习和实践。其他成员可能更喜欢参加线下讲座或实践操作，以更好地与其他学员互动和交流。团队负责人应该根据不同成员的需求，灵活安排培训形式和时长，以确保每个成员都能够充分受益于培训

计划。为了促进团队成员之间的相互学习和共同进步，团队负责人应该定期组织团队成员进行经验分享和交流。这可以通过团队会议、研讨会、学术讲座等形式来实现。团队成员可以分享自己在阅读推广方面的经验和成功案例，相互学习和借鉴。同时，他们也可以共同讨论和解决在工作中遇到的问题和挑战。这样的交流和分享可以帮助团队成员不断提升自己的能力和水平，为智慧图书馆阅读推广服务团队的发展作出更大的贡献。在实施培训计划的过程中，团队负责人应该注重培训效果的评价和反馈。他们应该定期与团队成员进行沟通和交流，了解他们对培训内容和方式的评价。同时，也应该根据成员的反馈和建议，及时调整和改进培训计划。只有通过不断地检验和完善，才能确保培训的有效性和针对性。团队成员也应该积极参与培训，认真学习、实践和反思。应该把培训视为一个提升自己能力和水平的机会，不断追求进步和完善。通过一个有效的人才培养和培训计划，智慧图书馆阅读推广服务团队可以不断提高自己的专业素养和技能水平。他们可以更好地满足读者的需求，设计创新的阅读推广活动，为读者提供更好的阅读体验和服务。此外，这样的培训计划还可以促进团队成员之间的相互学习和共同进步，加强团队的凝聚力和合作能力。团队成员应该积极参与培训，不断提高自己的能力和水平，为智慧图书馆阅读推广服务团队的发展作出更大的贡献。

（二）激励机制对服务团队成员的激励与推动作用

激励机制在智慧图书馆阅读推广服务团队中的角色和影响不容忽视。它不仅对团队成员的积极性和工作效率产生显著影响，而且能够促进阅读推广服务的顺利进行，使团队更好地为读者提供优质的服务。第一，激励机制能够激发团队成员的积极性和工作动力。通过建立合理的激励机制，团队成员能够感受到自己的工作价值和成就感，从而激发他们的积极性和工作动力。这不仅有助于提高工作效率，而且能够确保团队成员以更高的热情和更专注的态度投入工作中。为了实现这一目标，可以通过设定明确的目标和奖励机制，将阅读推广服务的进展与团队成员的个人绩效挂钩。这样一来，团队成员就会积极主动地参与阅读推广服务，从而确保服务的质量和效率。第二，激励机制还能提高团队成员的专业素养和能力水平。通过激励机制，鼓励团队成员不断学习和提升自己的专业知识和技能。为此，可以设立专业培训计划，为团队成员提供学习机会，如在线课程、研讨会和实地培训等。同时，通过设立奖励机制，激励团队成员持续学习和进步，不断提高自己的工作能力。这样不仅能够增强团队的综合素质，还能够为读者提供更高水平的阅读推广服务。第三，激励机制在增强团队协作和凝聚力方面也发挥着重要作用。通过建立激励机制，可以促使团队成员之间相互合作，共同完成任务和目标。例如，可以设立合作奖励机制，对那些在团队协作中表现出色的成员给予表彰和奖励。这有助于增强团队的凝聚力，使团队成员能够紧密合作，形成良好的工作氛围。此外，激励机制还可以通过提供更多的交流机会和共享资源的方式，促进团队成员之间的互动和沟通，从而增强团队的协作能力。第四，激励机制在推动团队成员的创新能力和创造力方面也具有显著作用。通过激励机制，鼓励团队成员积极探索和创新，提供更有创造性的阅读推广服务。为了激发创新精神，可以设立创新奖励机制，对那些提出创新服务理念和方式、推动阅读推广服务不断创新和发展的成员给予表彰和奖励。此外，还可以为团队成员提供灵活的工作环境，鼓励他们尝试新的工作方式和策略，从而激发他们的创造力和想象力。

（三）人才评价与绩效管理在服务团队中的运用

1. 人才评价体系的建立

在当今社会，人才是推动事业发展的关键因素，而人才评价体系的建立则是衡量人才价值、促进人才流动和发展的必要手段。智慧图书馆阅读推广服务团队应高度重视人才评价体系的建立，通过综合评价团队成员的专业知识、技能、创新能力、团队协作能力和用户满意度等多方面因素，为团队的发展提供科学、客观的依据。为了建立一个全面的人才评价体系，智慧图书馆阅读推广服务团队可以从几个方面进行综合考虑。一是专业知识与技能。图书馆学、信息科学、阅读推广等方面的专业知识与技能是团队成员必备的基础素质。因此，在人才评价体系中，应将专业知识与技能的掌握程度作为重要的评价标准。具体而言，可以通过对团队成员的专业知识掌握情况进行测试和评估，了解其理论水平和实践能力。同时，还可以通过团队成员在实际工作中的表现，如解决实际问题的能力、提供优质服务的能力等，来进一步评估其专业素质。二是创新能力。在当今信息化时代，创新能力是衡量人才的重要指标之一。智慧图书馆阅读推广服务团队应注重考察团队成员在服务模式、活动策划等方面的创新意识和能力。可以通过设置创新指标，如提出新的服务模式、创新活动策划等，来评估团队成员的创新能力和潜力。同时，还可以通过团队成员在实际工作中的创新成果来进一步评估其创新能力。三是团队协作。团队协作是现代组织发展的重要特征之一。智慧图书馆阅读推广服务团队是一个高度协作的团队，因此，团队协作能力也是人才评价体系中不可或缺的一部分。可以通过对团队成员在团队项目中的协作态度、沟通能力和团队贡献进行评估，了解其团队协作能力。同时，还可以通过团队成员在团队中的角色和作用，如承担任务、协调工作等，来进一步评估其团队协作能力。四是用户满意度。智慧图书馆阅读推广服务团队的最终目标是提高用户满意度，因此用户满意度是人才评价体系中至关重要的一项指标。可以通过用户访谈、问卷调查等方式，了解团队成员提供的服务对读者的满意程度。此外，还可以通过分析用户反馈、数据等，了解团队成员在实际工作中存在的问题和不足之处，从而为后续改进提供参考。

2. 绩效管理机制的完善

在推动团队的发展和提高工作效率的过程中，完善绩效管理机制是至关重要的。绩效管理机制的设计应与人才评价体系相辅相成，旨在提高团队的工作效率和服务质量。完善绩效管理机制有以下几个关键点。一是设立明确的绩效目标。为了明确团队成员的工作方向和要求，应根据图书馆的服务宗旨和年度计划，为每个团队成员设定具体、可量化的绩效目标。这些目标可以涵盖工作完成质量、工作量、创新能力、团队合作等方面。明确的绩效目标可以帮助团队成员明确自己的工作重点，激发他们的工作热情和积极性。二是定期绩效评估。绩效评估是评估团队成员在工作过程中实际表现和成果的重要手段。通过定期的绩效评估，可以检查团队成员在达成绩效目标过程中的表现和成果。评估内容可以包括团队成员的工作态度、工作质量、工作效率、创新能力、团队协作等方面。评估结果应客观、公正，可以通过统计数据、用户反馈、主观评价等方式获得。三是反馈与改进。绩效反馈是绩效管理的重要环节，可以帮助团队成员了解自身的优势和改进空间。在绩效评估完成后，应向团队成员提供详细的反馈，包括表扬成绩突出的方面和指出需要改进的地方。在反馈过程中，要注重积极正面的反馈，激励团队成员继续发挥优势，同时也要指出改进的方向和方法，帮助他们提升个人能力和绩效水平。四是激励与奖励。激励与奖励是绩效管理的重要手段，可以激发团队成员的积极性和创造性。对于表现突出的团队成员，应提供相应的激励与奖励，如奖金、晋升机会或职业发展培训等。激励与奖励制度应公平公正，与个人绩效紧密相连。通过激励与奖励，团队成员会感受到自己的价值被认可，进而激励其持续提升工作绩效和贡献。

3. 持续培训与发展

在当今快速发展的社会中，只有不断学习和创新，才能使团队保持竞争力和专业能力。智慧图书馆作为阅读推广的重要阵地，更应该注重团队的持续培训与发展。对此智慧图书馆应采取一些措施。一是最新理论与实践。为了使团队成员紧跟阅读推广领域的发展趋势，智慧图书馆应定期组织内部培训，介绍最新的理论、技术和实践案例。这些培训可以邀请业内专家、学者进行讲解，分享最新的研究成果和成功经验。通过学习最新的理论与实践，团队成员可以了解行业动态，掌握新的工作方法和技巧，提升自身的专业素质。二是跨学科学习。智慧图书馆应鼓励团队成员学习其他学科的知识，如教育学、心理学等，以拓宽视野和创新服务方式。跨学科学习可以使团队成员从其他领域中汲取灵感，将其他学科的理论、方法和技术应用到阅读推广工作中，从而提高服务的创新性和有效性。此外，智慧图书馆还可以组织跨学科活动，促进团队成员之间的思想碰撞和合作。三是案例研究。通过分析国内外成功的阅读推广案例，可以激发团队成员的灵感和创造力。智慧图书馆可以组织团队成员研究国内外知名的阅读推广案例，深入探讨其成功的经验和教训。通过案例研究，团队成员可以了解不同的阅读推广方法和策略，从而为自身的服务工作提供有益的借鉴。同时，团队成员还可以结合自身的工作实际情况，进行创新性的思考和改进。四是外部交流与合作。除了内部培训和案例研究，智慧图书馆还应积极组织外部交流活动。这可以包括与其他图书馆、阅读推广机构、教育机构等进行合作，共同举办研讨会、工作坊等活动。外部交流可以为团队成员提供与同行交流的机会，了解行业动态和发展趋势，同时也为团队提供与其他机构合作的机会，共同推动阅读推广事业的发展。五是个人职业发展规划。智慧图书馆还应关注团队成员的个人职业发展规划，为团队成员提供成长和发展的机会。可以根据团队成员的兴趣和特长，提供不同的培训和发展项目。同时，智慧图书馆还可以为团队成员提供职业咨询和建议，帮助他们制定合理的职业发展规划，实现个人职业目标。

4.营造积极的工作环境

营造积极的工作环境对于智慧图书馆阅读推广服务团队的发展至关重要。一个支持性的工作环境能够激发团队成员的积极性和创造力，促进团队成员之间的互动和合作，从而提高工作效率和服务质量。一是鼓励创新的文化。为了激发团队成员的创造力和创新能力，智慧图书馆应该鼓励创新的文化。在阅读推广活动中，团队成员应该被允许尝试新方法和新策略，即使在尝试过程中出现失败和挫折，也应该得到理解和支持，他们也会从失败中吸取经验教训。这种文化会鼓励团队成员勇于尝试和探索，不断寻求创新和改进，从而为阅读推广活动注入新的活力和创意。二是开放沟通的渠道。建立一个开放的沟通机制是营造积极工作环境的关键之一。智慧图书馆应该提供多种渠道，让团队成员能够自由地表达自己的想法、建议和反馈。这些渠道可以包括定期的团队会议、线上沟通平台、电子邮件等方式。通过开放沟通渠道，团队成员可以相互交流、分享经验和知识，促进信息共享和合作。这种开放沟通的氛围将增强团队成员之间的信任和凝聚力，提高工作效率和服务质量。三是职业发展规划。为团队成员提供清晰的职业发展路径和培训机会是营造积极工作环境的重要组成部分。智慧图书馆应该关注团队成员的个人职业发展，为他们提供相应的支持和资源。职业发展规划可以包括明确的晋升路径、培训计划和职业发展研讨会等。通过提供清晰的职业发展路径和培训机会，智慧图书馆可以激励团队成员不断提高自身素质和能力，实现个人职业目标。这将增强团队成员的归属感和忠诚度，提高他们的工作积极性和创造力。四是鼓励团队合作。团队合作是营造积极工作环境的关键之一。智慧图书馆应该鼓励团队成员之间的协作和配合，建立良好的团队合作氛围。可以通过组织团队建设活动、定期的团队会议等方式，加强团队成员之间的沟通和合作。此外，还可以通过设立团队合作奖励机制，激励团队成员积极参与团队合作，共同为阅读推广活动贡献力量。五是支持个人成长。智慧图书馆应该关注团队成员的个人成长，为他们提供相应的支持和资源。可以为团队成员提供学习和发展机会，如参加专业培训、研讨会和交流活动等。此外，还可以为团队成员提供必要的工作资源和支持，如设备、场地等，帮助他们更好地完成工作。这种支持将有助于提高团队成员的工作满意度和忠诚度，增强他们的工作积极性和创造力。通过这样的人才培养与激励机制，智慧图书馆的阅读推广服务团队能够不断提升自身能力，更好地满足读者需求，推动阅读文化的传播和发展。

三、智慧图书馆阅读推广服务团队的协作与沟通机制

智慧图书馆阅读推广服务团队的协作与沟通机制是提升团队效能、优

化服务质量和推动阅读推广活动顺利进行的关键因素。一个良好的协作与沟通机制可以增强团队凝聚力，提高工作效率，确保服务的高效性和持续性。

（一）团队协作模式的选择与构建

在智慧图书馆阅读推广服务团队的协作模式选择上，需要充分考虑团队成员的专业背景、技能特长、兴趣爱好等因素，进行合理搭配，以形成优势互补的团队结构。这不仅有助于提高团队的整体效能，还能够激发团队成员的积极性和创造力。为此，需要深入分析各种团队协作模式的特点，以便在实际操作中选择合适的模式。常见的工作小组模式包括项目组、团队和委员会等。项目组主要适用于处理紧急、临时性的工作任务。这种模式具有高效、灵活的特点，能够在短时间内集中优势资源，迅速完成任务。项目组通常由具有相关专业背景和技能特长的成员组成，他们能够在项目经理的领导下，紧密协作，高效完成任务。团队则更注重长期合作，通过共同目标、共享决策和持续改进，达成更高的工作效率。团队模式适用于那些需要持续投入、长期积累的任务。在团队中，成员之间需要建立信任、尊重和协作的关系，共同为实现团队目标而努力。团队模式有利于激发团队成员的积极性和创造力，提高团队的整体竞争力。委员会则适合处理复杂、多变的阅读推广活动。这种模式具有决策民主、沟通广泛的优势。委员会由多个成员组成，他们在平等的基础上共同参与决策，有利于充分听取各方意见，提高决策的科学性和民主性。委员会模式还有助于扩大团队的影响力，促进团队成员之间的沟通与合作。在实际操作中，应根据具体情况选择合适的团队协作模式。例如，当面对一项紧急的阅读推广活动时，可以采用项目组模式，集中优势资源，迅速完成任务。而当需要进行长期的阅读推广工作时，则可以采用团队模式，通过持续改进和共享决策，提高工作效率。对于那些复杂、变化的阅读推广活动，可以选择委员会模式，以充分发挥决策民主、沟通广泛的优势。此外还应注意，不同团队协作模式之间可以进行相互转化。在实际工作中，随着任务的变化和团队成员的变化，可能需要不断地调整团队协作模式。这就要求在构建团队时，注重团队结构的稳定性，又要保持一定的灵活性，以便在必要时迅速调整，以适应新的任务需求。在智慧图书馆阅读推广服务团队的构建过程中，还应注重团队成员的培训和成长。通过定期开展专业培训、技能提升和团队建设活动，不断提高团队成员的专业素养和团队协作能力。这将有助于提高团队的整体效能，为智慧图书馆的阅读推广工作提供有力支持。

（二）沟通方式与沟通平台的建设与应用

智慧图书馆阅读推广服务团队的沟通方式是指团队成员之间进行交流

和沟通的方法，以便更好地协同工作、分享信息和解决问题。沟通平台的建设与应用是指利用现代技术工具和软件平台，为团队成员提供便捷的沟通渠道和工作平台。首先，建立即时通信工具群组是必不可少的。例如，微信群、QQ 群等，这些工具能够实现团队成员间的实时沟通，快速传递信息，提高工作效率。通过建立这样的群组，团队成员可以随时随地参与讨论，分享想法和进度，促进信息的流动和共享。同时，还可以利用这些即时通信工具的协作功能，如文件传输、协同编辑等，提高团队工作效率。搭建线上沟通平台也是非常有必要的，如在线会议系统、云端协作工具等，这些平台能够提供更为丰富的沟通方式，便于团队成员在线上进行讨论、协作和成果展示。通过线上沟通平台，团队成员可以不受时间和地域的限制，随时参与会议和讨论，提高沟通效率和协作效果。此外，这些平台还可以集成其他工具和功能，如任务分配、项目管理、文件共享等，为团队提供更为全面和便捷的协作环境。除了即时通信工具和线上沟通平台外，还可以通过电子邮件、电话等方式进行沟通，以满足不同场景下的沟通需求。例如，当团队成员无法在线上进行讨论时，电子邮件可以作为一种补充方式，提供更为灵活和私密的沟通渠道。电话则可以在紧急情况下快速传递信息，确保沟通的及时性和有效性。在沟通平台的建设与应用中，还需要注意一些关键点。首先，平台的稳定性是至关重要的。这意味着平台应具备较高的可用性和稳定性，以确保团队成员能够顺畅地使用它进行沟通。其次，安全性也是不可忽视的。平台应具备数据备份、防病毒、防黑客攻击等功能，以确保信息的安全性和保密性。再次，沟通平台还应具备易用性和可扩展性，以便于后续的升级和扩展。最后，平台应提供简洁明了的操作界面，方便团队成员快速上手使用。同时，平台应支持多种设备和平台的接入，以适应团队成员的不同需求和习惯。

（三）协作与沟通机制对智慧图书馆阅读推广服务团队效能的影响分析

智慧图书馆阅读推广服务团队的效能受到协作与沟通机制的影响。协作与沟通机制是指成员之间进行信息交流、资源共享以及合作工作的方式。在智慧图书馆阅读推广服务团队中，成员之间需要密切合作，共同努力推广阅读，提高读者参与度和满意度。因此，协作与沟通机制对团队的效能具有重要影响。首先，协作与沟通机制能够促进团队成员之间的互动和合作。在智慧图书馆阅读推广服务团队中，成员之间需要交流和分享信息，以获取最新的阅读推广资源和活动安排。通过有效的协作与沟通机制，团队成员能够及时了解彼此的工作进展和需求，协同解决问题并高效完成工作。当团队成员能够充分合作和互动时，团队的效能会得到提高。其次，协作与沟通机制能够促进知识和经验的共享。在智慧图书馆阅读推广服务团队中，团队成员通常具有不同的专业背景和经验。通过有效的协作与沟通机制，团队成员可以交流和分享各自的知识和经验，互相学习和借鉴。这种知识和经验的共享能够提高团队成员的综合能力和专业水平，从而提高团队的效能。同时，协作与沟通机制还能够促进信息的流动和传递。在智慧图书馆阅读推广服务团队中，信息的流动对于开展有效的阅读推广活动非常重要。通过有效的协作与沟通机制，团队成员可以及时将信息传递给相关人员，确保信息的准确性和完整性。这样能够避免信息传递不畅导致的误解和错误，提高团队的效能。此外，协作与沟通机制还能够促进团队内外部的合作与交流。在智慧图书馆阅读推广服务团队中，团队成员需要与其他机构和个人进行合作，共同推广阅读。通过有效的协作与沟通机制，团队成员能够与外部合作伙伴进行沟通和协商，确定合作目标和方式，使合作工作得以顺利进行。团队在与外部合作伙伴的交流过程中，还能够学习借鉴其经验和优势，进一步提高自己团队的效能。

第七章

智慧图书馆阅读推广服务效果评估与改进

一、智慧图书馆阅读推广服务效果评估指标体系构建

（一）服务效果评估指标的选择与构建原则

在智慧图书馆阅读推广服务的道路上，要不断追求服务质量的提升，而服务效果评估指标的选择和构建正是衡量成效的关键。因此，在选择和构建评估指标时，需要遵循以下原则，以确保评估工作的科学性、准确性和可靠性。

1.可度量性：评估指标的可度量性是评估工作的基本要求。一个好的评估指标，应当是可以通过定量或定性手段来进行测量和评估的。这就要求在设置评估指标时，要尽量选择那些可以量化或者可以通过一定方法进行评价的指标。同时，评估指标的度量方法也应当具备科学性和可靠性，

评估结果的准确性和可信度。例如，可以通过用户访问次数、图书借阅量、读者满意度调查等指标来评估智慧图书馆的服务效果。

2. 可比性：评估指标的可比性是评估工作的重要要求。只有具备可比性，才能在不同时间、不同空间和不同对象之间进行评估结果的比较和分析。这样，才能找出服务的优点和不足，从而进行针对性的改进。例如，可以通过对比不同图书馆的图书借阅量、读者满意度等指标，来了解各自服务的优劣势，以便进行更好的优化和调整。

3. 全面性：评估指标的全面性是评估工作的核心要求。评估指标应当全面反映智慧图书馆阅读推广服务的各个方面和层面，包括服务质量、服务效果和用户满意度等多个维度。只有这样，才能全面了解服务的状况，从而进行全方位优化。可以从服务质量、服务效果、用户满意度、读者反馈等多个方面来全面评估智慧图书馆的服务，以期达到全面提升服务品质的目标。

4. 权重重要性：评估指标的权重重要性是评估工作的关键要求。评估指标应当根据服务的重要性和影响力来确定权重，以便更好地了解服务的效果和改进方向。例如，在智慧图书馆的服务评估中，可以将读者满意度作为最重要的评估指标，因为读者满意度直接关系到服务的质量和用户的忠诚度。通过合理设置权重，可以更加准确地把握服务的重点，从而进行更有针对性的优化和改进。

（二）服务效果评估指标体系的建立

在当今信息化社会，智慧图书馆已经成为推动全民阅读、传播知识、促进社会进步的重要平台。为了更有效地发挥智慧图书馆的作用，确保其提供的服务能够满足读者和社会的需求，建立一套科学、合理、全面的服务效果评估指标体系显得尤为重要。该指标体系不仅可以帮助图书馆管理者全面了解和掌握图书馆服务的现状，还可以为改进和优化服务提供有力的依据。根据智慧图书馆推广服务的特点和目标，可以从以下五个方面构建服务效果评估指标体系，这五个方面相互联系、相互影响，共同构成了一个完整的评估体系。

1. 服务质量指标

服务质量是智慧图书馆服务效果评估的基础，它涵盖了图书馆的设施设备、资源及服务的完备性和便捷性。一个优秀的智慧图书馆不仅需要拥有丰富的藏书资源，提供全面、深入的知识支持，同时还需要具备高效的数据库资源，舒适的阅览环境以及专业、热情的服务人员。具体来说，可以从以下几个方面来衡量。一是藏书数量和质量。图书馆的藏书种类、数量和质量是衡量其服务基础的重要指标。一个优秀的智慧图书馆应该拥有丰富的藏书资源，既能够满足读者的阅读需求，又能提供高质量的书籍，具有深度和广度。这些书籍应该涵盖各个学科领域，能够为读者提供多元化的知识支持。为了实现这一目标，图书馆需要定期采购新书，更新馆藏资源，同时也要注重书籍的保存和修复，确保馆藏资源的完整性和可持续性。此外，图书馆还需要建立完善的检索系统，方便读者查找和借阅书籍，提高服务效率。二是数据库的完整性和可用性。数据库是智慧图书馆的核心资源，其完整性和可用性直接影响读者获取信息的效率。智慧图书馆应该具备丰富的数据库资源，包括电子图书、期刊、会议论文、专利文献等，能够满足读者不同的信息需求。同时，数据库的更新速度也要迅速，能够及时收录最新的研究成果和行业动态。为了评估数据库的可用性，可以关注检索功能是否便捷、数据更新是否及时、覆盖范围是否广泛、版权问题是否得到妥善处理等方面。此外，图书馆还需要建立有效的数据备份和恢复机制，确保数据库的安全性和稳定性。三是阅览室的舒适度和阅读环境。阅览室是读者阅读和学习的场所，其舒适度和阅读环境直接影响到读者的阅读体验和满意度。评估阅览室的舒适度和阅读环境可以从以下几个方面进行：阅览室的布局是否合理、照明是否充足、温度和湿度是否适宜、噪音干扰是否控制在可接受范围内等。为了营造良好的阅读环境，图书馆需要定期维护阅览室设施，确保其正常运行。同时，图书馆还可以提供一些辅助设施，如阅读座椅、电脑设备、复印机等，以满足读者的不同需求。四是服务人员素质。服务人员的专业素质和服务态度是影响读者满意度的重要因素。智慧图书馆的服务人员需要具备相关专业知识和技能，能够为读者提供准确、及时的信息服务。此外，服务人员还需要具备良好的沟通能力和服务态度，能够耐心解答读者的问题，提供热情周到的服务。为了提高服务人员的素质，图书馆可以定期组织培训和学习活动，加强服务人员的专业知识和技能培训。同时，图书馆还可以建立激励机制，鼓励服务人员提供优质服务，提高读者满意度。

2. 服务效果指标

服务效果是智慧图书馆服务价值的重要体现，它不仅反映了图书馆为读者提供的服务的实际效果，也体现了图书馆对读者需求的满足程度。服务效果主要包括读者对于服务的满意度和体验度、借阅量和阅读量的增长、阅读者的知识水平和阅读能力提升等。一是读者满意度。读者满意度是衡量智慧图书馆服务效果的关键指标。满意度是读者对图书馆提供的服务在满足其需求方面的评价，它反映了读者对图书馆服务的认可程度。为了获取读者的满意度，可以采用问卷调查、在线评价、面对面访谈等方式。通过这些方式，可以了解读者对图书馆设施、资源、服务等方面的满意程度以及他们对图书馆服务的期望和需求。在问卷调查中，需要设计合理的问卷内容，涵盖图书馆的各个方面，包括设施、环境、资源、服务、技术等。同时，还需要设置一些开放性问题，以便更深入地了解读者的需求和期望。通过收集和分析这些数据，可以了解读者对图书馆服务的整体满意度以及哪些方面需要改进。在线评价也是一种非常有效的获取读者满意度的方式。可以在图书馆网站上设置评价系统，让读者对图书馆的服务进行评价。这些评价数据可以提供宝贵的反馈，帮助了解读者的需求和期望以及他们对服务的满意程度。此外，还可以通过面对面访谈等方式，直接了解读者的需求和意见。这种方式可以让图书馆更深入地了解读者的想法和感受，从而更好地满足他们的需求。二是借阅量和阅读量。借阅量和阅读量是反映读者利用图书馆资源的情况，也是衡量服务效果的重要指标。借阅量和阅读量是读者利用图书馆资源的重要体现，也是了解读者阅读兴趣和需求的重要途径。在评估借阅量和阅读量时，需要关注借阅量和阅读量的增长趋势以及不同类型读者的阅读需求。同时，还需要分析这些数据的变化与图书馆服务的关联性，以确定哪些服务提高了读者的借阅量和阅读量。为了提高借阅量和阅读量，可以从多个方面入手。首先，需要优化图书馆的资源布局和分类，以便读者更方便地找到他们需要的资源。其次，可以通过推广阅读活动和推荐书目等方式，激发读者的阅读兴趣，提高他们的阅读量。最后，还可以通过提供便捷的借阅和归还服务，提高读者的借阅频率。三是知识水平和阅读能力提升。通过评估读者的知识水平和阅读能力提升情况，可以了解图书馆对读者成长和发展的贡献。智慧图书馆不仅是一个资源共享的平台，也是一个提升读者知识水平和阅读能力的重要场所。为了帮助读者提升知识水平和阅读能力，可以举办各种讲座、培训等活动。这些活动可以涵盖多个领域，包括但不限于信息检索技巧、阅读方法、学术写作技巧等。通过这些活动，可以帮助读者掌握更多的知识和技能，提高他们的阅读能力和理解能力。同时，还可以通过数据分析，了解哪些活动最受读者欢迎，哪些资源最受读者青睐，从而更好地为读者提供个性化的服务。

3.社会效益指标

智慧图书馆在社会中的存在，其最显著的价值体现在它对读者个人成长、社会发展以及社区文化建设的巨大贡献。这一系列的贡献并非空穴来风，而是由智慧图书馆内在的优势所决定的，通过深度的数字化、智能化升级，为人们提供更加全面、高效、便捷的阅读服务，这些优势正在不断地显现出其强大的社会效益。一是研究和学习资源的丰富程度。智慧图书馆应当拥有丰富的研究和学习资源，以满足不同读者群体的需求。这一点，可以通过对资源数量、质量以及更新速度等多方面的评估来进行量化。智慧图书馆在资源数量方面，应尽可能丰富，涵盖各类学科门类，满足不同读者的阅读需求。在资源质量方面，应注重资源的权威性和时效性，确保读者能够获取到高质量的阅读材料。在资源更新速度方面，智慧图书馆应保持一定的资源更新频率，以满足读者不断变化的需求。二是个人成长和社会发展的推动作用。智慧图书馆应当关注读者的个人成长和社会发展，通过提供优质服务，助力读者实现自我价值，促进社会进步。这可以通过一系列的评估指标来衡量，例如读者的就业率、创业成功案例、社区参与度等。智慧图书馆可以通过提供专业的学术资源、深入的专题研究报告、前沿的科普信息等，帮助读者提升自身的能力和素质，进而实现个人的成长和发展。同时，智慧图书馆还可以通过举办各类讲座、研讨会、读书会等活动，促进社区的文化建设，增强社区的凝聚力，从而推动社会的发展。三是阅读推广活动的积极影响。智慧图书馆还应当积极开展阅读推广活动，提升读者的阅读兴趣和能力。这可以通过对活动次数、参与人数、活动效果等多方面的评估来进行衡量。智慧图书馆可以通过开展各类主题阅读活动、设置自助借阅服务、提供电子阅读设备等手段，鼓励读者参与阅读，享受阅读的乐趣。同时，智慧图书馆还可以借助现代技术手段，如 AI 推荐、VR 体验等，引导读者深入探索各种阅读题材，提高读者的阅读能力和阅读水平。

4. 经济效益指标

经济效益是衡量智慧图书馆运营状况的重要方面，主要包括服务的收入和支出、服务的投资回报率、图书的利用率等。智慧图书馆的收入来源主要包括财政拨款、服务收费等。评估指标应关注收入和支出的平衡状况以及财政资金的合理使用。收入的平衡与支出的平衡是智慧图书馆经济健康发展的重要保障。如果收入明显低于支出，就需要注意是否存在一些收入来源未能充分发挥效益的情况。而超出需求的收入，则需要考虑如何合理利用这些资金，以提升服务质量和图书馆资源。投资回报率是衡量智慧图书馆经济效益的关键指标。评估时应关注图书馆投入产出比，以确保图书馆资源的合理利用。图书馆的投资回报率是指投入与产出之间的关系。投入包括建设、设备采购、人员培训等方面的费用，产出则包括图书馆服务的收入、读者的满意度、知识传播等方面的效果。评估时可以通过分析图书馆的经济效益来评估图书馆的经济实力和投资回报情况，以便为图书馆的可持续发展提供参考依据。图书利用率是反映读者对图书馆资源利用情况的指标。评估时应关注各类图书的利用率，以优化图书馆藏书结构，提高资源利用效率。图书馆的图书利用率是指馆藏图书被读者借阅和使用的程度。评估图书利用率可以从多个角度进行，如借阅量、馆藏读者数量、馆藏总量等。通过分析图书利用率，可以了解读者的阅读需求和偏好，进而根据读者的需求作出相应的图书采购和资料更新决策，以提供更加符合读者需求的图书馆服务。

5. 创新能力指标

随着科技的不断发展，创新能力在智慧图书馆的持续发展中起着至关重要的作用。它不仅为智慧图书馆提供了持续发展的动力，而且还能满足读者不断变化的需求。创新能力主要包括服务的创新内容和创新方式、引进新的 IT 技术和设备的能力等。智慧图书馆的服务创新是其核心竞争力的体现。为了适应读者的多样化需求，智慧图书馆应不断探索和尝试新的服务模式和服务内容。例如，可以通过引入自助借还、智能推荐、在线咨询等新型服务，评估服务创新的数量和质量以及这些创新服务对读者的影响力。这些创新服务的数量越多、质量越高、影响力越大，说明智慧图书馆的服务创新能力越强。智慧图书馆应紧跟科技发展的步伐，积极引进新的 IT 技术和设备，以提高服务质量和效率。这些新的 IT 技术和设备可能包括人工智能、大数据分析、物联网、云计算等先进技术以及相关的软硬件设备。对这些新技术的引进和应用效果进行评估，可以了解智慧图书馆引进新 IT 技术和设备的实际效果，从而更好地评价其引进能力的强弱。具体的评估指标可以包括引进的新技术、设备的数量和种类；新技术的性能和应用效果；这些新技术和设备是否有效地提高了服务质量和效率；是否引入了新的管理手段和技术手段来提高工作效率和服务质量；这些新技术和设备的使用情况如何，是否得到了读者的普遍认可和好评。此外，智慧图书馆还需要定期对现有的服务模式和服务内容进行评估和优化，以适应读者需求的变化和科技的发展。同时，智慧图书馆也需要注重与其他图书馆、科研机构、企业等的合作，共同探索新的服务模式和服务内容，以提高自身的创新能力。除了以上提到的服务创新和 IT 技术引进能力外，智慧图书馆还需要注重培养和引进具有创新能力的专业人才，以支持其持续发展。这些人才需要具备丰富的专业知识、先进的技术技能和创新思维，能够敏锐地发现和把握新的发展机遇，为智慧图书馆的创新发展提供有力的人才保障。

以上指标可以根据具体情况进行取舍和调整，构建适合智慧图书馆阅读推广服务效果评估的指标体系。

（三）服务效果评估指标体系的应用案例分析

为了更全面地了解和评估智慧图书馆阅读推广服务的效果，下面通过三个案例分析来展示指标体系的应用和效果。

案例一：某智慧图书馆的畅销书推广活动

某智慧图书馆想要推广一本畅销书，为了评估推广活动的效果，他们应用了服务效果评估指标体系。首先，他们通过监测阅读量的增长来判断活动是否吸引了更多的读者。此外，他们还进行了读者满意度调查，以了解读者对推广活动的感受和反馈。通过这些指标的评估，他们能够准确地判断推广活动是否达到了预期效果，并为后续的推广活动提供参考和改进建议。

案例二：某智慧图书馆引入 VR 阅读设备

为了提供更丰富的阅读体验，某智慧图书馆引入了新的 VR 阅读设备。为了评估这些设备的使用效果和读者的体验度，他们应用了服务效果评估指标体系。他们通过读者的反馈来了解读者对 VR 阅读设备的喜好和意见。此外，他们还通过借阅量的变化来判断读者对这些设备的兴趣程度。通过这些指标的评估，他们能够确定设备的使用效果，并提出改进意见，以提升阅读体验和满意度。

案例三：智慧图书馆与社区学校和机构的合作

为了将图书馆的资源与社区的学校和机构进行合作，某智慧图书馆开展了阅读推广活动。为了评估活动对社区的影响和效果，他们应用了服务效果评估指标体系。他们通过学生的阅读兴趣和阅读能力的提升来判断活动对学生的影响。此外，他们还通过学校和机构对图书馆资源的认可来评估活动的效果。通过这些指标的评估，他们能够了解活动的影响范围和效果，并提出相应的改进和优化建议。

通过以上案例分析可以看出，应用服务效果评估指标体系可以全面、客观地评估智慧图书馆阅读推广服务的效果。通过监测阅读量、读者满意度调查、读者反馈、借阅量等指标的变化，可以准确地评估推广活动、设备使用和合作活动对用户和社区的影响和效果。在评估的基础上，可以及时调整策略和方法，改进和优化服务，提高用户体验感和满意度，实现更好的阅读推广效果。

在推广过程中，服务效果评估指标体系的应用不仅能够帮助智慧图书馆准确评估活动的效果，还能促进创新和提高服务质量。通过对各项指标的评估，能够发现问题和不足，进而提出改进建议和优化方案。这种持续的评估和改进过程可以让智慧图书馆不断提升服务品质，满足用户的需求，实现阅读推广的长期发展目标。

二、智慧图书馆阅读推广服务效果评估方法与实施步骤

（一）定性与定量评估方法的选择与应用

在评估智慧图书馆阅读推广服务效果时，为了能够更全面、深入地了解服务的实际影响，可以同时采用定性和定量的评估方法。定性评估方法注重收集用户的主观反馈和意见，通过访谈、观察和问卷调查等方式，揭示用户对智慧图书馆阅读推广服务的真实感受和使用体验。定量评估方法

则侧重于通过统计数据分析，如使用智慧图书馆的人数、借阅量等客观数据，来衡量服务的实际效果。这两种方法相互补充，共同为图书馆呈现一个全方位、多角度的评估结果。定性评估方法的应用主要体现在以下几个方面。首先，可以通过开展用户访谈来了解用户对智慧图书馆阅读推广服务的使用体验。访谈过程中，可以询问用户在智慧图书馆中的具体行为、对服务的满意度以及改进建议等，从而获取第一手的信息。其次，观察方法也是评估服务效果的重要手段。通过观察用户在使用智慧图书馆过程中的行为和反应，可以了解服务是否真正满足了用户的需求以及用户在使用过程中是否存在困扰或不便。最后，问卷调查是一种广泛应用的定性评估方法。通过设计有针对性的问卷，可以收集用户对智慧图书馆阅读推广服务的评价和意见，从而全面了解用户对服务的满意度。定量评估方法的选择和应用则主要依赖于统计分析。可以利用智慧图书馆系统中的数据，对用户的使用频率、使用时长和借阅量等关键指标进行统计，以衡量阅读推广服务的实际效果。例如，可以统计每个月的用户访问量、借阅量以及在线阅读时长等数据，通过对比不同时间段的统计结果，直观地了解服务的使用情况和变化趋势。此外，还可以对用户的借阅记录进行分析，了解用户的阅读偏好，从而为后续的服务改进提供有针对性的建议。在实际评估过程中，定性和定量评估方法应相互结合，共同为智慧图书馆阅读推广服务的改进提供有力支持。定性评估方法可以帮助图书馆深入了解用户的需求和满意度，发现潜在的问题和不足；而定量评估方法则通过客观数据，提供服务效果的量化表现，有助于找到改进的方向和目标。在此基础上，可以根据评估结果，不断优化智慧图书馆阅读推广服务，提升用户体验，促进图书馆事业的可持续发展。

（二）服务效果评估的实施步骤与流程

评估智慧图书馆阅读推广服务的效果需要按照一定的步骤和流程进行，以确保评估的准确性和有效性。以下是具体的实施步骤与流程：第一步，明确评估目标和指标。在开始评估之前，需要明确评估的目标是什么。评估的目标可以是评估服务的用户满意度，也可以是服务的实际使用效果。同时，还需要确定评估的指标，这些指标应该能够反映评估的目标，比如用户的满意度、访问量、借阅量等。通过明确目标和指标，可以有一个清晰的评估方向，并且可以确保评估的方法和结果与目标保持一致。第二步，制定评估计划和方案。在明确评估目标和指标之后，需要根据评估目标和指标，制定评估的具体计划和实施方案。在这个过程中，需要确定采用的评估方法和工具，比如可以通过访谈了解用户对服务的评价和建议，可以通过观察用户在使用过程中的行为和反应来评估服务的效果。同时，还需要拟定采集数据的方式和途径，确定评估的时间和周期，以确保数据的有效性和完整性。第三步，收集评估数据。根据评估计划和方案，需要通过各种方式和方法，收集评估所需的数据。这些数据可以通过与用户进行访谈来获取，通过访谈了解用户对服务的评价和建议。也可以通过观察用户在使用过程中的行为和反应来收集数据，以评估服务的效果。此外，还可以通过问卷调查来了解用户的满意度和需求，通过收集问卷数据来获取用户对服务的反馈和建议。在收集数据的过程中，需要确保数据的真实性和可靠性，并且需要采用匿名化和标准化问卷等方式来保护用户的隐私和信息安全。第四步，统计和分析评估数据。收集到数据之后，需要对数据进行统计和分析，以得出评估结果。这包括统计用户的访问量、借阅量、满意度等指标，通过数据分析了解服务的实际效果和存在的问题。在这个过程中，需要注意数据的误差和偏差，并且需要采用统计学的方法来处理和分析数据，以确保结果的准确性和可靠性。第五步，对评估结果进行总结和归纳。根据评估结果，需要对服务的优点和不足进行总结和归纳，并提出相应的改进意见和建议。总结服务的改进方向和策略，为提升服务质量和用户体验提供参考。同时，还需要对评估流程和方法进行反思和总结，不断优化和完善评估体系和方法，以确保评估的准确性和有效性。

（三）评估结果的分析与总结

评估结果的分析和总结是评估过程中至关重要的一环，它不仅是对整个评估过程的一次总结，更是对服务质量和用户需求的深度洞察。通过对评估数据的详细分析和对用户反馈的全面总结，可以更好地了解服务的实际效果，进一步挖掘用户的需求。首先，根据数据统计和分析，深入了解了智慧图书馆阅读推广服务的实际使用情况和效果。这些数据包括但不限于每月的用户访问量和借阅量，这些数据提供了一个清晰的服务使用情况的画面。如果图书馆发现服务的使用量在逐步上升，且在某些时间段内，如节假日和周末，使用量有明显的增长，同时，也观察到了服务使用量的季节性变化，例如在寒暑假期间，使用量会有明显的提升，那么通过对这些数据的分析，图书馆可以得出服务的使用情况和变化趋势，为服务的进一步优化提供数据支持。除了数据统计，图书馆还可以对用户反馈进行深入的分析和总结。用户反馈是评估过程中不可或缺的一部分，它可以帮助了解服务的优点和不足。通过调查问卷、用户访谈等方式，收集大量的用户反馈，包括他们对服务的评价、使用体验和建议。大部分用户对智慧图书馆阅读推广服务表示满意，认为服务提供了方便快捷的阅读方式，同时也满足了他们对于知识的渴求。但是，也有一部分用户反映服务提供的书籍种类不够丰富，或者借阅流程需要进一步优化。这些反馈提供了宝贵的意见，也为服务的改进指明了方向。在分析了数据和用户反馈的基础上，可以得出智慧图书馆阅读推广服务的优点和不足。优点包括但不限于服务的便利性、快捷性以及知识的丰富性。服务的便利性体现在无需亲自到图书馆借阅，节省了时间和精力；快捷性则体现在在线借阅流程的简便和快速；知识的丰富性则体现在服务提供了大量的书籍资源，满足了不同用户的需求。然而，服务的不足之处也显而易见，如书籍种类的不足和借阅流程的复杂度等。

基于以上分析和总结，可以为智慧图书馆阅读推广服务的改进提供依据和方向。首先，需要提炼出服务的优点，继续保持并加强。其次，需要针对服务的不足之处进行改进，如增加书籍种类，优化借阅流程等。再次，可以根据用户的需求和反馈，提出新的改进方案和策略，以进一步提升服务质量和用户体验。最后，总结评估的结果，提炼出服务的优点和不足，为智慧图书馆的进一步发展和提升服务质量提供指导和支持。同时，也要不断跟踪服务的改进效果，持续收集用户反馈，以确保服务的持续优化和提升。

三、智慧图书馆阅读推广服务改进与提升策略

（一）服务改进的策略选择与实施

在当今快速发展的信息技术时代，图书馆作为知识的宝库，面临着服务模式和服务流程的创新与改进。为了更好地满足读者的需求，提高服务质量，图书馆须采取一系列策略，这些策略的选择和实施将直接关系到图书馆未来的发展方向和服务效果。

1.创新服务模式

图书馆应引入新的服务模式，如智能化推荐、个性化推荐等，以更好地满足读者的阅读需求。在数字图书馆领域，智能化推荐系统已成为一种重要的服务工具。通过分析读者的阅读历史和偏好，智能化推荐系统可以为读者推荐符合其兴趣和需求的相关书籍、文章。此外，借助大数据和人工智能技术，图书馆可以为读者提供更加精准的阅读推荐。这不仅可以提高读者的阅读体验，还可以帮助读者发现更多有价值的知识资源。为了实现这一目标，图书馆需要建立一个完善的数据分析平台，收集和整合各类阅读数据。同时，还需要加强与高校、研究机构和企业等合作伙伴的合作，共享阅读资源，实现数据互联互通。通过这些努力，图书馆将能够为读者提供更加丰富和精准的阅读，满足他们的个性化需求。

2. 优化服务流程

图书馆的服务流程直接影响到读者的使用体验。为了提高服务效率，图书馆应简化服务流程，为读者提供便捷的服务。例如，可以通过智能化排架系统，实现自助借还和预约等功能，减少读者排队等待的时间。此外，图书馆还可以借助信息技术，实现线上线下一体化的服务模式，让读者在任何时间、任何地点都能享受到高效、便捷的图书馆服务。在这个过程中，图书馆需要注重技术创新和设备更新，引入智能化、自动化的服务设备，提高服务效率。同时，还需要加强人员培训，提高图书馆员的服务水平和能力，确保他们在为读者提供服务时能够快速、准确地解决问题。

3. 加强团队协作

图书馆的服务改进不仅需要技术和设备的支持，还需要多方的共同努力。因此，图书馆应建立一个多方参与的协作机制，包括图书馆员、教师、学生等，共同推进阅读推广工作。在这个过程中，各方需要充分发挥自己的优势，共同为读者提供优质的服务。图书馆员作为专业人员，可以提供专业的阅读指导和服务。他们熟悉图书馆的资源和服务，能够帮助读者快速找到所需的信息。此外，图书馆员还可以根据读者的需求，为他们推荐合适的阅读材料。教师作为教育工作者，他们对学生的阅读需求和兴趣有更深入的了解。图书馆可以与教师合作，共同开展阅读活动，引导学生积极参与阅读。同时，教师为学生提供阅读指导和推荐，帮助他们提高阅读能力。学生作为图书馆的主要服务对象，对阅读有自己的需求和观点。图书馆可以倾听学生的声音，了解他们的需求，为他们提供符合他们兴趣的阅读资源。同时，图书馆还可以鼓励学生参与阅读活动，发挥他们的主体作用。

通过加强团队协作，图书馆可以整合各方资源，形成合力，共同推进阅读推广工作。这将有助于提高图书馆的服务质量和效果，为读者创造一个良好的阅读环境。

（二）服务效果提升的方法与途径

在现代社会，图书馆作为文化交流的重要平台，其服务质量的高低直接影响着读者的阅读体验和文化素养的提升。因此，如何提升图书馆的服务效果，成为需要深入研究和探讨的问题。

1. 提升服务质量

提升服务质量是提高图书馆服务效果的重要手段。首先，图书馆员作为服务的主体，其专业素质和服务意识直接影响着服务质量。因此，图书馆应加强对图书馆员的培训和教育，增强其专业素质和服务意识。此外，图书馆还应加强与读者的沟通交流，了解读者的需求和反馈，及时调整服务策略。通过这些措施，可以有效地提升图书馆的服务质量，从而提高服务效果。在提升服务质量的过程中，图书馆还应注重以下几个方面。一是完善服务流程，简化借阅手续，提高服务效率。二是加强读者咨询服务，提供专业、准确的文献信息。三是开展个性化服务，如预约借阅、推送推荐等，满足读者的个性化需求。四是营造良好的阅读环境，提供舒适、宽敞、安全的阅读空间。五是加强图书馆的信息化建设，提供便捷的网络服务，如在线检索、电子阅览等。

2. 开展多样化活动

开展多样化的阅读推广活动是提高图书馆服务效果的有力举措。图书馆可以通过举办读书分享会、朗诵比赛、讲座等活动，吸引更多的读者参与，提高阅读推广的效果。这些活动不仅能够激发读者的阅读兴趣，培养阅读习惯，还可以促进读者之间的交流与合作，形成良好的阅读氛围。为了确保阅读推广活动的效果，图书馆在策划和实施活动时，应注重以下几个方面。一是活动内容的丰富性和多样性，满足不同读者的需求。二是活动形式的创新，如结合多媒体、互联网，提高活动的互动性和趣味性。三是加强活动现场的管理和服务，确保活动的顺利进行。四是注重活动后的总结和反馈，积累经验，不断优化活动方案。

3. 利用社交媒体

在互联网时代，社交媒体已成为人们获取信息和交流的重要渠道。图书馆可以充分利用社交媒体平台，如微信公众号、微博等，加强与读者的互动和沟通，扩大阅读推广的影响力。通过社交媒体，图书馆可以及时发布活动信息、阅读推荐、讲座通知等，方便读者及时了解图书馆的动态。同时，读者也可以通过社交媒体向图书馆反馈意见和建议，帮助图书馆改进服务工作。在利用社交媒体的过程中，图书馆应注重以下几个方面。一是制定合理的社交媒体运营策略，确保信息的及时更新和高质量的内容输出。二是加强与读者的互动，关注读者的需求，回应读者的关切。三是注重社交媒体的品牌建设，塑造图书馆的良好形象。四是警惕社交媒体的负面影响，如信息泄露、谣言传播等，确保信息安全。

（三）持续改进对智慧图书馆阅读推广服务的影响

持续改进对智慧图书馆阅读推广服务的影响是非常重要的，它可以通过不断优化服务流程、创新服务模式和加强团队协作等措施，提升阅读推广服务的水平和效果。持续改进可以提高读者的满意度。通过优化服务流程，提高服务质量以及举办多样化的活动等措施，可以吸引更多的读者参与进来，提高他们的满意度和忠诚度。这不仅可以增加读者的使用频率，还可以提高他们对图书馆的认可度和口碑，为图书馆树立良好的形象。持续改进还可以增强图书馆在智慧图书馆领域的竞争力。通过引入新的服务模式，优化服务流程，加强团队协作等措施，可以提高图书馆的服务水平和效率，吸引更多的读者和用户。这对于图书馆而言是十分重要的，因为现如今智慧图书馆的竞争非常激烈，图书馆需要不断改进自己的服务，以吸引更多的用户来使用他们的服务。持续改进对于促进阅读文化的发展也起到了非常重要的作用。阅读推广是促进阅读文化发展的重要手段。通过持续改进阅读推广服务，可以吸引更多的读者参与阅读活动，培养读者的阅读兴趣和习惯，促进阅读文化的繁荣和发展。特别是在如今信息爆炸的时代，阅读已经成为一种挑战和需求。只有通过持续改进阅读推广服务，才能满足读者的需求，提高他们的阅读兴趣和习惯。那么，如何进行持续改进呢？首先，图书馆可以通过不断收集读者的反馈和数据，了解读者的需求和意见。这可以通过开展用户调查、分析读者的借阅记录、关注社交媒体上的读者反馈等途径实现。然后，根据读者的反馈和数据，图书馆可以发现服务中存在的问题和不足。例如，读者可能会提出对图书馆服务流程改进的建议，或者指出某些服务不够便捷或满足不了需求。这些都可以成为持续改进的方向和重点。在了解了读者的需求和问题之后，图书馆可以采取相应的措施进行持续改进。例如，优化借阅流程，提高借阅效率；完善书目推荐系统，提供更精准和个性化的推荐服务；举办读者沙龙、讲座等活动，增加读者与图书馆的互动和参与度。此外，图书馆还可以加强团队协作，提升员工的专业能力和服务意识。通过团队的努力和协作，可以为读者提供更好的服务体验。此外，在持续改进的过程中，图书馆还可以积极借鉴其他图书馆或同行业的经验和做法。通过学习和借鉴先进的服务理念和方法，图书馆可以更好地满足读者的需求，并不断提升自身的服务水平和效果。可以通过参加行业内的研讨会、培训班等活动，了解其他图书馆的案例和经验，进一步提高自身的服务质量和能力。

第八章

智慧图书馆阅读推广服务的政策与法规环境

一、我国图书馆阅读推广服务的政策法规体系

我国图书馆阅读推广服务的政策法规体系是我国图书馆事业的重要组成部分，对促进图书馆阅读推广服务的发展起到了积极的推动作用。目前，我国图书馆阅读推广服务的政策法规体系主要包括我国智慧图书馆建设的相关政策、我国阅读推广服务的法规与政策以及我国图书馆阅读推广服务政策法规的现状与问题等方面。

（一）我国智慧图书馆建设的相关政策

智慧图书馆作为现代信息技术与图书馆深度融合的产物，是图书馆未来发展的趋势。在我国，智慧图书馆建设已经引起了政府的高度重视，并出台了一系列相关政策，为这一领域的快速发展提供了重要的政策指导和

规范。例如《智慧图书馆建设指导意见》旨在明确智慧图书馆建设的总体方向和目标，提出了一系列具体的建设任务和措施，为各级各类图书馆的智慧化升级提供了明确的方向和指导。《智慧图书馆标准》则是在《智慧图书馆建设指导意见》的基础上，进一步细化了智慧图书馆的标准和规范，从技术、服务、管理等多个方面制定了明确的标准和要求，以确保智慧图书馆的建设质量和水平。《智慧图书馆应用指南》则从实际应用的角度，提出了智慧图书馆在各种场景下的应用模式和解决方案，为各级各类图书馆在实际操作中提供了有力的参考和指导。

除了以上政策文件，我国政府还出台了一系列其他相关政策，如《图书馆法》《公共图书馆服务规范》等，这些政策从不同的角度对智慧图书馆建设进行了规范和指导。

在相关政策的引导下，各级各类图书馆纷纷加快了智慧图书馆建设的步伐。为了适应新的发展趋势，各级图书馆纷纷推出各种创新举措，如引入先进的技术设备、优化服务流程、提升服务质量等，积极推动阅读推广服务的创新与发展。同时，各级政府也加大了对智慧图书馆建设的投入，为阅读推广服务提供了有力的保障。各级公共图书馆、高校图书馆、科研机构图书馆等各类图书馆都在积极探索智慧图书馆的建设路径，通过引进先进的技术手段和理念，提升图书馆的服务质量和效率。例如，引入人工智能、大数据、物联网等技术，实现智能化管理、智能化服务、智能化阅读推广等。同时，各级图书馆也在积极探索与其他行业的合作，如与互联网企业、出版机构等合作，共同推动阅读推广服务的创新与发展。此外，各级政府也在政策层面上给予了大力支持。例如，一些地方政府出台了针对智慧图书馆建设的专项资金支持政策，为图书馆的智慧化升级提供了资金保障。同时，政府还积极推动智慧图书馆的建设与社区、学校、医院等公共场所的融合，实现资源的共享和服务的协同，进一步提升了智慧图书馆的影响力和覆盖面。

（二）我国阅读推广服务的法规与政策

阅读推广服务是我国图书馆工作中的一项重要职责，也是我国文化事业的重要组成部分。为了确保阅读推广服务的健康发展，我国政府出台了一系列相关的法规与政策。我国于 2017 年颁布了《公共图书馆法》，该法律明确规定了公共图书馆的职责、权利和义务，其中包括了为公众提供阅读推广服务的内容。该法律为公共图书馆提供了重要的法律保障，确保了图书馆在阅读推广工作中的地位和作用。我国还出台了《全民阅读促进条例》，该条例旨在推动全民阅读的发展，提高国民素质和竞争力。阅读推广服务是促进全民阅读的重要手段之一，因此，该条例为阅读推广服务提供了政策支持，鼓励各级各类图书馆积极开展阅读推广活动。除了上述法规与政策外，我国还制定了一系列相关标准和规范，以确保阅读推广服务的规范化和标准化。例如，我国制定了《图书馆阅读推广服务规范》等行业标准，为阅读推广服务的开展提供了重要的技术指导。各级各类图书馆积极响应国家号召，大力开展阅读推广服务。为了提高公众的阅读兴趣和阅读能力，各级图书馆通过举办各种形式的读书活动、讲座、展览等，吸引了广大读者的积极参与。这些活动包括但不限于读书分享会、朗诵比赛、名著导读、亲子阅读等，形式多样，内容丰富，深受广大读者的喜爱和欢迎。同时，各级图书馆还积极利用现代信息技术手段，开展数字化、网络化的阅读推广服务。例如，利用互联网、移动终端等平台，开展线上阅读推广活动，如网络讲座、在线展览、数字资源推荐等，扩大了阅读推广服务的覆盖面和影响力。通过以上措施，各级各类图书馆在阅读推广服务方面取得了显著的成效。这些活动不仅提高了公众的阅读兴趣和阅读能力，还促进了全民阅读的发展。据统计，近年来我国国民阅读率持续上升，越来越多的人开始重视阅读、享受阅读，这得益于各级各类图书馆在阅读推广服务方面所做的努力和贡献。此外，我国政府还加大了对阅读推广服务的投入和支持，包括资金、人才、设备等方面的投入。这为各级各类图书馆开展阅读推广服务提供了更好的条件和环境，也进一步推动了我国阅读推广服务的健康发展。

（三）我国图书馆阅读推广服务政策法规的现状与问题

尽管我国图书馆阅读推广服务的政策法规体系不断完善，但仍然存在一些问题。首先，各级政府对图书馆阅读推广服务的重视程度不够，投入不足，影响了阅读推广服务的开展。虽然政府发布了相关政策法规，但是其对于图书馆阅读推广服务的支持力度有限。各级政府应该增加对图书馆的资金投入，提高阅读推广服务的资源保障，为图书馆提供更好的硬件设施和软件支持，从而推动阅读推广事业的发展。其次，部分图书馆的阅读推广服务形式单一，缺乏创新和吸引力，难以吸引广大读者的参与。在目前的阅读推广服务中，许多图书馆仍然采用传统的方式，例如仅提供纸质图书借阅服务，缺乏多元化的服务形式。基于现代科技的数字化阅读服务、线上线下结合的综合性文化活动以及与其他机构的合作等创新形式，尚未全面普及和充分利用。因此，需要各级图书馆开展市场调研活动，并结合读者的阅读需求，推出更加多样化、创新的阅读推广服务。最后，一些地区的公共图书馆分布不均，导致部分地区的阅读推广服务水平较低。许多人居住的乡村、偏远地区没有足够的公共图书馆，这使得这些地区的居民难以享受到优质的阅读推广服务。要解决这个问题，需要加大对乡村和偏远地区的公共图书馆建设的支持力度，保障基本的阅读推广服务均等化，加强乡村图书馆与县级图书馆之间的联动与合作，通过在乡村图书馆设立分馆或者移动图书馆等灵活方式，提升阅读推广服务的普及性和可及性。

　　为了解决这些问题，需要进一步加大政策法规的制定和执行力度。各级政府应当注重制定并重视图书馆阅读推广服务的相关政策法规，确保其得到有效的执行。政府部门可举办各种培训和研讨活动，提升政府相关部门工作人员的专业能力和意识，从而更好地服务于图书馆的阅读推广工作。加大对阅读推广服务的投入力度也是解决问题的重要手段。各级政府应该加大对图书馆阅读推广服务的资金投入，提高图书馆的设备更新速度和内容采购能力。此外，政府可以与社会资本合作，吸引更多的社会力量参与到图书馆的阅读推广服务中，通过投资和捐赠等形式来支持图书馆的发展。加强图书馆之间的合作与交流也是提高阅读推广服务水平和质量的关键。各级图书馆应该积极开展合作项目，共享资源和服务经验。通过组织交流活动、岗位轮换和人员培训等方式，促进相互学习和借鉴，共同提升阅读推广服务的水平。此外，还需要加强对阅读推广服务的研究和探索，不断推出新的服务形式和内容。基于人工智能、虚拟现实、大数据等新技术的应用，推动图书馆阅读推广服务的创新发展。还可以积极挖掘和培养图书馆人才，加强图书馆职业发展规划和培训机制建设，提高图书馆工作者的专业能力和服务水平，为读者提供更优质的阅读推广服务。同时，还需要加强对阅读推广服务的效果评估和反馈机制的建设，及时发现问题和不足，不断改进和完善服务。政府可以建立阅读推广服务的绩效评价体系，监测和评估各级图书馆的工作效果和服务质量。读者和社会大众也应该积极参与对阅读推广服务的评价，提供宝贵的反馈意见和建议，共同推动阅读推广服务的持续改进。

二、国际图书馆阅读推广服务的政策法规借鉴与启示

（一）国际图书馆阅读推广服务的典型案例剖析

国际图书馆阅读推广服务方面，一些国家的表现尤为出色，它们在政策法规、实施策略和效果评估等方面的经验值得深入剖析和借鉴。以美国、英国、加拿大和澳大利亚为例，这些国家的图书馆阅读推广服务在许多方面都取得了显著的成就。以美国为例，美国图书馆协会（ALA）推出的"阅读连接"（Reading Connections）项目，是一个通过图书馆服务提高儿童的阅读能力的项目。该项目为儿童提供了丰富的阅读内容，包括各种类型的书籍、杂志和报纸等，以满足不同儿童的阅读需求。此外，该项目还开展了各种阅读活动，如故事会、读书俱乐部等，以激发儿童的阅读兴趣。在这些活动中，孩子们可以和家长、老师和其他小朋友一起分享阅读的乐趣，交流阅读的心得，从而提高他们的阅读能力。再以英国为例，英

国图书馆协会（CILIP）推出的"图书起跑线"（Book Start）项目，是一个为新生儿和婴幼儿提供免费图书的项目，旨在培养他们的阅读习惯。该项目根据儿童的年龄和发展阶段，为他们提供了精心挑选的图书，以满足他们的阅读需求。此外，该项目还开展了各种阅读活动，如亲子阅读、读书俱乐部等，以激发儿童的阅读兴趣。该项目已经成功帮助了大量儿童建立了阅读兴趣，培养了他们的阅读习惯。加拿大公共图书馆协会（CLGA）推出的"每个孩子都读书"（Every Child a Reader）项目，是一个旨在提高儿童的阅读能力，减少阅读差距的项目。该项目为儿童提供了免费的阅读材料和活动，包括各种类型的图书、杂志、报纸以及阅读活动和竞赛等。此外，该项目还特别为家长提供了阅读指导和支持，更好地引导孩子进行阅读。通过这个项目，许多儿童得以提高阅读能力，缩小了与同龄儿童的阅读差距。澳大利亚图书馆和信息协会（ALIA）推出的"阅读激励"项目，是一个旨在提高学生的阅读兴趣和能力的项目。该项目通过开展各种阅读活动，如阅读挑战、读书俱乐部等，激发了学生的阅读热情，提高了他们的阅读能力。在这些活动中，学生们可以互相分享阅读心得，交流阅读经验，从而增强他们对阅读的兴趣。

在我国，图书馆阅读推广服务也取得了一定的进展，但与这些国家相比，还存在一定的差距。为了进一步提高我国的图书馆阅读推广服务，需要从这些国家身上汲取经验，完善政策法规，优化实施策略，提高效果评估，以期让更多的儿童和学生受益于图书馆阅读推广服务，提高他们的阅读能力，培养他们的阅读习惯，推动我国阅读事业的发展。

（二）国际阅读推广政策法规的分析与借鉴

全球范围内，不同国家和地区对于阅读推广的重视程度各异，但无一例外，政府的政策法规支持是推动图书馆阅读推广服务发展的关键因素。美国政府在阅读推广方面的政策法规支持具有显著的借鉴意义。美国政府通过《不让一个孩子落后》（No Child Left Behind，NCLB）法案，要求学校提高学生的阅读能力。这一法案的出台，使得阅读教育成为学校教育的重中之重。在此基础上，美国政府还鼓励图书馆开展阅读推广活动，以弥补学校教育在阅读方面的不足。此外，美国政府还通过《阅读优先》（Reading First）政策，为提高学龄前儿童的阅读能力提供政策支持。这些政策法规的实施，为美国图书馆阅读推广服务的发展提供了有力保障。英国政府在阅读推广方面的政策法规支持也具有较高的借鉴价值。英国政府通过《儿童和家庭法案》（Children and Families Act），规定了儿童阅读教育的标准和目标。这一法案的出台，使得英国政府在阅读推广方面有了明确的法律依据。在此基础上，英国政府还鼓励图书馆开展阅读推广活动，以提高儿童的阅读能力。此外，英国政府还实施了"阅读起跑线""阅读基石"等阅读推广项目，为提高全民阅读能力贡献力量。这些政策法规的实施，为英国图书馆阅读推广服务的发展提供了有力支持。

综上所述，美英两国政府在阅读推广方面的政策法规支持，为图书馆阅读推广服务的发展提供了有力保障。我国可以借鉴这些国家的经验，通过政策法规支持图书馆阅读推广服务。我国可以制定《图书馆阅读推广法》，明确规定图书馆的阅读推广职责和政府、图书馆和社会各方面的责任与义务。通过立法手段，确保图书馆阅读推广服务的可持续发展。在此基础上，还可以设立专门机构，负责图书馆阅读推广政策的制定、实施和监督。还可以借鉴美英两国的经验，通过财政补贴、税收优惠等政策手段，鼓励图书馆开展阅读推广活动。例如，政府可以对开展阅读推广活动的图书馆给予财政资助，以提高图书馆开展阅读推广的积极性。同时，还可以对参与阅读推广活动的企业和个人给予税收优惠，以激发社会力量参与阅读推广的积极性。此外，我国还可以借鉴美英两国的阅读推广项目，开展具有中国特色的阅读推广活动。同时，还可以充分利用图书馆、学校、社区等资源，开展多种形式的阅读推广活动，如阅读讲座、阅读俱乐部、阅读马拉松等，以满足不同群体的阅读需求。我国政府还需要加强对图书馆阅读推广服务的宣传和推广。可以通过媒体、网络等渠道，加大对图书馆阅读推广服务的宣传力度，提高公众对阅读的重视程度。同时，还可以组织阅读推广活动，如阅读节、阅读周等，以营造浓厚的阅读氛围。

三、对我国图书馆阅读推广服务政策法规的建议和展望

（一）现行政策法规的问题及其原因

我国图书馆阅读推广服务政策法规在实施过程中存在一些明显的问题。一是现行政策法规的覆盖面不够广泛，无法满足新兴阅读形式和渠道的需求。在数字化、网络化飞速发展的今天，人们的阅读方式也在发生着深刻的变化。数字阅读、移动阅读等新兴阅读形式应运而生，逐渐成为人们获取知识、享受文化的重要途径。然而，在制定政策法规时，对于这些新兴形式缺乏明确的政策支持和规范。政策法规的制定者没有充分考虑到阅读方式的多样性，导致政策无法有效引导和推动相关服务的发展。以数字阅读为例，尽管近年来我国数字图书馆建设取得了显著的成果，但政策法规的保障却远远跟不上发展的步伐。数字阅读的推广面临着版权、技术、资金等多方面的挑战，而政策法规的缺失使得这些问题尤为突出。在这种情况下，政策制定者应当高度重视新兴阅读形式的发展，积极完善相关法规，为数字阅读等新兴阅读形式提供有力的政策支持。二是政策法规的实施力度不足。在国家层面，提倡阅读推广的政策指导已经非常明确，然而在一些地方政府和图书馆，阅读推广并没有被放在重要的位置上。缺

乏对阅读推广工作的真正重视，政策法规的贯彻落实面临着较大的困难，无法真正发挥其应有的作用。这种现象产生的原因，一方面是地方政府和图书馆对阅读推广的重要性认识不足，另一方面是因为政策法规缺乏有效的激励和约束机制。因此，我们需要在政策法规中明确政府和图书馆的责任和义务，加大对阅读推广工作的支持和保障力度。同时，通过设立阅读推广基金、开展阅读推广活动等方式，激发社会力量参与阅读推广的积极性，形成全社会共同推动阅读推广的良好氛围。三是现行政策法规对图书馆阅读推广服务的评价和监督机制不完善。评价和监督是确保政策法规有效实施的重要手段，然而在现行的政策法规体系中，缺乏科学合理的指标和监督手段，政府和图书馆很难对阅读推广服务的实施情况进行全面准确的评估。这导致政策制定者无法及时掌握政策实施的效果，也难以针对问题进行及时调整和改进。为了解决这一问题，我们需要在政策法规中建立健全的评价和监督机制，明确评估指标和监督手段，确保政策法规的实施效果能够得到全面、准确的评估。同时，政府和图书馆应当加强对评价结果的应用，根据评价结果调整和改进阅读推广服务工作，不断提升服务质量，满足人民群众日益增长的文化需求。

造成这些问题的原因主要有以下几点：

第一，我国图书馆阅读推广服务政策法规的制定过程缺乏广泛的公众参与和社会共识。在政策法规的制定过程中，政策制定者未能充分征求相关专家、学者、图书馆工作者和社会公众的意见和建议，导致政策法规与实际需求存在一定的差距。这一现象主要是由于缺乏有效的公众参与机制，使得政策制定者难以全面了解和掌握公众的阅读需求和期望，从而影响了政策法规的针对性和有效性。为了解决这一问题，我们应该加强与各方的沟通与合作，通过多种渠道和方式广泛征求意见和建议，形成共识，从而确保政策法规更贴近实际需求。这不仅有助于提高政策法规的合法性和合理性，还有利于提高公众对政策法规的认同度和遵守度。

第二，政策法规的制定和实施过程中各相关部门之间的协同不足，缺乏有效的沟通和协调机制。图书馆阅读推广服务涉及多个部门，包括文化部门、教育部门、图书馆部门等，各部门之间的协调工作不够密切，导致政策制定和实施缺乏整体性和协同性。这种协同不足的问题不仅影响了政策法规的实施效果，还可能导致资源浪费和效率低下。为了解决这一问题，需要建立起跨部门的联动机制，加强合作与协调，明确各方职责和权利，形成工作合力，以提高政策法规的制定和实施效果。通过这种联动机制，可以促进各部门之间的信息共享和资源整合，加强相互支持和配合，从而更好地满足公众的阅读需求。

第三，我国图书馆阅读推广服务政策法规的修订和更新速度较慢，难以适应社会发展和阅读方式的变化。随着社会的发展和阅读方式的不断变化，图书馆阅读推广服务的需求也在不断变化。然而，现行政策法规的修订和更新速度相对较慢，无法及时适应阅读方式的变化。为了解决这一问题，政策制定者需要加强对阅读形式的研究和对外部环境的监测，及时了解最新的阅读发展趋势和技术变化，从而更好地把握政策法规的修订方向。此外，政策制定者还应该加快政策法规的修订和更新速度，以便更好地适应社会发展和阅读方式的变化。这不仅有助于提高政策法规的适应性和前瞻性，还有利于保持政策的稳定性和连续性。

（二）图书馆阅读推广服务政策法规的改进建议

一是完善阅读推广服务体系。图书馆应该建立一个完善的阅读推广服务体系，包括设立专门的阅读推广部门、制定阅读推广计划、开展多样化的阅读推广活动等。这个服务体系应具有前瞻性和系统性，能够随着读者的需求变化及时调整。同时，图书馆应该注重与学校、社区等机构的合作，共同推进阅读推广工作，形成全社会共同参与的阅读氛围。在此基础上，我们建议图书馆定期开展阅读推广活动，如读书分享会、朗诵比赛、作家见面会等，以吸引更多的读者参与。此外，图书馆还可以与学校合作，定期为学生提供阅读指导，帮助他们培养良好的阅读习惯。

二是增强数字化阅读推广。随着数字化阅读的普及，图书馆应该加强数字化阅读推广，提供数字化阅读资源、建立数字化阅读平台、开展数字化阅读讲座等。数字化阅读具有方便快捷、资源丰富的优势，能够吸引更多的年轻读者。因此，图书馆应该加大对数字化阅读的宣传力度，提高其在读者中的认知度。

三是制定合理的费用政策。图书馆应该制定合理的费用政策，包括阅读费用、借阅费用等。费用政策应该考虑到读者的经济状况，提供一定的优惠政策，如免费或低费率借阅、优惠活动等，以吸引更多的读者参与阅读推广活动。对于经济困难的读者，图书馆应该提供特殊照顾，如提供免费的阅读资源或提供折扣优惠。

四是加强宣传推广。图书馆应该加强宣传推广工作，通过多种渠道宣传阅读推广活动，提高活动的知名度和影响力。除了传统的宣传方式，如海报、传单等，图书馆还可以利用社交媒体、网络平台等新媒体手段进行宣传，扩大活动的影响力。此外，图书馆还可以与媒体、学校、社区等机构合作，共同推进阅读推广工作。

五是引入评估机制。为了评估阅读推广活动的成效，图书馆应该引入评估机制，包括读者反馈、阅读数据统计、活动效果评估等。通过评估结果，我们可以了解活动的优点和不足，进而优化政策法规和阅读推广服务。为了提高评估的准确性和客观性，我们可以采用问卷调查、面对面访谈等方式收集读者反馈，并结合数字技术对阅读数据进行分析。

六是加强与出版机构的合作。与出版机构建立合作关系，不仅可以获取更多的阅读资源，还可以为读者提供更好的阅读体验。通过与出版机构合作，图书馆可以获得最新的图书信息，为读者提供最新的阅读资源。此外，图书馆还可以邀请出版机构的专业人员为读者提供阅读指导，帮助他们选择适合自己的图书。因此，我们建议图书馆定期举办图书推荐会等活动，邀请出版机构的专业人员参与，为读者提供更专业的阅读建议。

七是鼓励亲子阅读。亲子阅读是培养孩子阅读兴趣和习惯的重要方式。因此，我们建议图书馆积极开展亲子阅读活动，如亲子故事会、亲子读书会等，为家长和孩子提供一个良好的阅读环境。这些活动不仅可以增进亲子关系，还可以激发孩子的阅读兴趣，培养他们的阅读能力。

八是建立志愿者制度。志愿者可以为图书馆提供人力支持，如协助组织活动、宣传推广等。同时，志愿者也可以通过参与活动，了解图书馆的运作和阅读推广的重要性。因此，我们建议图书馆建立志愿者制度，吸引更多的人参与阅读推广工作。图书馆可以定期组织志愿者培训，提高他们的专业素养和服务水平。此外，图书馆还可以为志愿者提供一定的奖励和荣誉，以激励他们继续参与阅读推广工作。通过以上措施，相信图书馆的阅读推广服务将会得到进一步的提升和完善。

（三）未来发展的展望及政策法规调整的建议

未来，我国图书馆阅读推广服务政策法规的调整应注重几个方面。一是完善政策法规体系。政策法规体系是图书馆阅读推广服务的基础和保障。为了适应数字化、网络化、智能化的发展，我国应当加强对数字阅读、移动阅读等新兴阅读形式的政策支持和规范。例如，可以制定针对数字阅读资源的版权保护政策、数字阅读设施的建设标准、数字阅读服务的质量评估等方面的法规，以确保图书馆阅读推广服务的全面覆盖。同时，还要关注农村、边远地区和特殊群体的阅读需求，通过政策法规保障他们的阅读权益。二是加大政策法规的实施力度。政策法规的实施力度直接关系到图书馆阅读推广服务的效果。一方面，应当提高地方政府和图书馆对阅读推广工作的重视程度。地方政府要将图书馆阅读推广服务纳入经济社会发展规划，给予经费保障和政策支持。图书馆要加强内部管理，提升服务能力，积极开展阅读推广活动。另一方面，要加大政策法规的宣传和培训力度。通过多种渠道宣传图书馆阅读推广政策法规，提高社会公众的知晓度和参与度。同时，加强对图书馆工作人员的培训，增强他们的政策法规意识和执行力。三是完善评价和监督机制。评价和监督机制是检验图书馆阅读推广服务效果的重要手段。一方面，要建立科学合理的评估指标。评估指标要全面反映图书馆阅读推广服务的发展水平，包括服务覆盖面、服务质量、读者满意度等方面。通过定期开展评估，及时了解图书馆阅读推广服务的发展状况，为政策法规的修订提供依据。另一方面，要创新监督手段。可以运用现代技术手段，对图书馆阅读推广服务进行实时监控，确保政策法规的落地实施。同时，要加强社会监督，鼓励公众参与图书馆阅读推广服务的监督，提高图书馆服务的透明度和公正性。四是注重政策法规的动态调整。随着社会经济的发展和阅读环境的变化，图书馆阅读推广服务政策法规需要不断调整和完善。要密切关注国内外阅读推广服务的发展趋势，及时借鉴先进经验和做法，为我国图书馆阅读推广服务政策法规的修订提供参考。同时，要注重政策法规的实施效果，根据评估和监督结果，及时修订和完善相关法规，确保图书馆阅读推广服务政策的时效性和有效性。

结　语

随着科技的飞速发展，智慧图书馆已经成为图书馆发展的新趋势，它以数字化、网络化、智能化为特征，为阅读推广服务提供了无限可能。本书从智慧图书馆阅读推广服务概述、环境分析、服务模式创新、服务内容优化、技术应用、组织与人才建设、服务效果评估与改进以及政策与法规环境等方面进行了深入研究，旨在为我国智慧图书馆阅读推广服务提供有益的策略和建议。

在智慧图书馆阅读推广服务创新过程中，应当充分认识到其发展的内外部环境，了解读者的需求与行为，分析竞争环境与合作机会。在此基础上，本书提出了个性化推荐服务模式、智能化导读服务模式以及社交化互动服务模式等创新模式，以满足读者多样化的阅读需求，提升阅读体验。

同时，还应关注智慧图书馆阅读推广服务的内容优化，包括图书推荐策略、阅读分享活动策划、阅读空间设计及布局等方面，力求为读者提供更加优质、高效的服务。在大数据、人工智能、虚拟现实等先进技术的支持下，智慧图书馆阅读推广服务将更加便捷、智能化，为读者带来全新的阅读体验。

智慧图书馆阅读推广服务的组织与人才建设也是关键环节。应当建立健全服务团队的组织架构，明确职责分工，加强人才培养与激励机制，促进团队协作与沟通，为智慧图书馆阅读推广服务的顺利开展提供有力保障。

最后，还要关注智慧图书馆阅读推广服务的效果评估与改进，构建科学的评估指标体系，采用有效的评估方法，对服务效果进行持续监测与改进，不断提升服务质量和水平。同时，加强政策与法规环境建设，为智慧图书馆阅读推广服务提供有力的政策支持与保障。

总之，智慧图书馆阅读推广服务创新策略研究是一个系统性、多层次、多维度的问题，需要我们站在时代发展的前沿，不断探索、创新，为我国智慧图书馆阅读推广服务的发展贡献力量。希望本书的研究成果能为相关领域的工作者提供参考和启示，共同推动我国智慧图书馆阅读推广服务的创新发展。在未来，我们有理由相信，在全社会的共同努力下，智慧图书馆阅读推广服务将更好地发挥其在文化传播、知识普及、素质提升等方面的重要作用，为构建学习型社会、推动我国文化繁荣与发展作出更大贡献。

参考文献

［1］冯玲，李东来.图书馆在全民阅读推广服务体系中的新认知与新担当［J］.中国图书馆学报，2024，50（01）：4-12.

［2］邱锦.基于群智图谱的图书馆智慧阅读推广服务模式研究［J］.图书馆研究与工作，2024（01）：52-56.

［3］尉迟月.人工智能时代图书馆智慧阅读推广服务实践分析和启示［J］.图书馆研究，2023，53（06）：11-18.

［4］蔡瑜婉.智慧图书馆阅读推广策略探究［J］.科技资讯，2023，21（22）：219-222.

［5］邱丽金.智慧图书馆听书服务评价机制构建及服务创新策略研究［J］.河南图书馆学刊，2023，43（11）：121-124.

[6] 蒲利，喻正红．高校图书馆阅读推广中的智慧服务［J］．文化产业，2023（29）：73-75.

[7] 陈美群．多源数据融合对公共图书馆智慧化阅读推广的影响路径研究［J］．河南图书馆学刊，2023，43（10）：54-57+64.

[8] 刘小琴．元宇宙视域下高校图书馆智慧化阅读推广研究［J］．兰台内外，2023（22）：70-72.

[9] 杨新涯，文佩丹，卓应忠．智慧图书馆的全数据体系研究［J］．图书情报工作，2023，67（13）：29-35.

[10] 李博．智慧图书馆建设背景下的资源推广服务模式［J］．时代报告（奔流），2023（07）：95-97.

[11] 滕书娟．图书馆智慧阅读推广模式构建与实施路径［J］．图书馆学刊，2023，45（06）：7-10.

[12] 李睿．多源数据融合驱动的图书馆智慧化阅读推广服务模式研究［J］．江苏科技信息，2023，40（16）：48-50+56.

[13] 张旭．基于SWOT分析下高校图书馆阅读推广智慧服务策略研究［J］．内蒙古科技与经济，2023（10）：150-152.

[14] 龚碧染．智慧图书馆建设下的阅读推广工作［J］．江苏科技信息，2023，40（10）：28-30.

［15］张绍敏.高校图书馆个性化精准智慧读者服务探讨［J］.办公室业务，2023（05）：159-162.

［16］林晓旻.智慧技术下公共图书馆阅读推广模式研究［J］.数字通信世界，2023（02）：157-160.

［17］孔九英.智慧图书馆背景下的高校阅读推广模式研究［J］.科技资讯，2023，21（02）：215-218.

［18］柴爱君.智慧图书馆空间建设与教育阅读推广［A］//中国陶行知研究会.第七届生活教育学术论坛论文集［C］.甘肃省定西市陇西县图书馆，2023：3.

［19］崔世锋.5G时代高校图书馆阅读推广研究［J］.传媒论坛，2022，5（21）：112-114.

［20］王昌军.泛信息化视角下高校图书馆阅读推广变革的方向和策略［J］.经济研究导刊，2022（29）：151-153.

［21］武鑫.浅谈智慧图书馆读者服务［J］.参花（下），2022（10）：128-130.

［22］宁雪，李臻，黄宁.图书馆智慧阅读推广服务路径研究［J］.大学图书情报学刊，2022，40（05）：38-42.

［23］张章.图书馆艺术类资源阅读推广的方法探究［J］.图书馆研究

与工作，2022（09）：50-54+60.

　　［24］李蕾.智慧时代公共图书馆阅读推广策略研究［J］.河南图书馆

学刊，2022，42（08）：29-31+41.